KB119941

문과생을위한
이과 센스

문과생을위한
이과센스

수학을
너무 일찍
포기한
당신에게

다케우치 가오루 지음 | 류두진 옮김

위즈덤하우스

지금 우리에겐
이과 센스가 필요하다

"완전 문과인지라 수학이나 과학이 얽혀 있으면 어쩐지 불안하고 걱정이 돼요."

"이래서야 제 능력을 충분히 발휘할 수나 있을까요?"

이미 사회에서 열심히 일하고 있지만 수학이나 과학에 대한 저항 감이나 과학 지식이 부족하다는 이유로 근심을 한가득 떠안은 채 살고 있지는 않은가? 그런 걱정을 가진 사람이 있다면 전부 떨쳐내기를 바라는 마음에서 이 책을 썼다.

여러분은 문과임을 걱정하면서 지내지만, 세상에는 고등학교에서 배우는 미분이나 적분 따위가 사회에 나오면 아무짝에도 쓸모없다는 주장도 만만치 않다. 과학 작가인 나로서는 다양한 사례를 들어가며 예컨대 다음과 같이 반론할 수도 있다.

"아니죠. 기초적인 미적분 지식만 조금 있어도 통계 숫자나 그래프를 보는 안목이 얼마나 깊어지는데요."

하지만 수학이나 과학에 약한 사람이라도 눈부신 성과를 올릴 수 있는 직종이나 직장, 학문 분야 또한 분명 적잖이 존재한다. 그럼에도 아마 문과 출신일 여러분이 이 책을 집어든 이유는, 이과 방면의 소양이 풍부한 사람이 자신과 같은 직장에서 맹활약하는 모습을 보며 '대체 나와 어디가 다르지?' 하는 적극적인 자기 분석이 있었기 때문이다.

그렇다면 어떻게 해야 할까?

"지금부터라도 늦지 않았습니다. 자, 처음부터 다시 공부해봅시다!"

만일 여러분의 시간만 허락된다면야 이른바 '처음부터 다시 시작하는' 방식도 나쁘지는 않다. 그러나 매일 고된 업무를 소화해야 하는 직장인에게 이제 와서 중학교나 고등학교 시절 교과서를 끄집어내게 한 다음 "우선 인수분해부터 해볼까요?"라든지 "원소 기호를 암기하고 겸사겸사 화학식도 적을 수 있도록 합시다!" 같은 조언을 하는 것은 조금 잘못된 접근이 아닌가 싶다.

실제로 여러분이 마음속 깊은 곳에서 진심으로 바라는 것은 수학이나 과학의 단편적 지식이 아니라 '이과 센스'라고 불러야 할 지혜나 사고방식 자체가 아니었을까?

우리 사회에는 이과·문과라는 구별이 있는데, 애초에 대체 무엇이 양쪽을 나누고 구체적으로 어떤 차이가 있다는 말일까?

그런 의문을 계기로 이과생이 어떤 면에서 문과생과 견해가 다르고 어떤 때 사고방식이 갈리는지, 이과 센스의 정체를 파헤치는 데 조금 더 목표를 집중하고자 한다. 이과 센스의 정체를 알고 나면 사실 문과라도 충분히 익힐 수 있으니 전혀 겁낼 필요가 없다는 점을 깨달을 것이다.

따라서 이 책에서는 이과 센스의 근원인 과학적 사고와 논리성을 중심축으로 삼고자 한다. 아울러 과학은 어떻게 발전해왔으며 현재 어떤 방향으로 진행되고 있는지, 그것은 어떤 발견이나 발명에 의한 것이며 나아가 앞으로 생겨날 최신 기술은 현대 사회를 어떻게 변화시켜 갈 것인지, 우리는 최신 기술과 어떻게 어울려야 하는지 같은 문제까지 함께 고민해보고자 한다. 하지만 이렇게 말했다고 해서 결코 과학 예찬이나 이과 만세를 주장하려는 것은 아니다.

여러분도 우주 개발이나 심해 탐사의 성과가 화제에 오르내릴 때면 과학의 낭만에 자극을 받으면서도 한편으로 '저렇게 돈을 들인다고 정말 사회적 효용이 있는 걸까?' 하며 의문을 품을 때가 있을 것이다. 일본에서 발생했던 STAP 세포 사건(191쪽 참고)처럼 과학에 대한 불신감을 불러일으키는 사태도 종종 발생하고, 좀 더 가까운 곳에서는 여러분 주변의 말이 통하지 않는 이과생에 대한 의구심도 분명 가져봤을 것이다. 그런 의문과 의구심이 생겼다고 피해서는 안 된다. 과학의 한계점이나 이과의 약점을 의식하면서 실정을 제대로 파악한 다음, 배

워야 할 점은 배우고 의심해야 할 점은 의심하는 자세가 중요하다.

사실 수학과 과학에 대한 세부적 지식을 주입식으로 배우기보다는, 수학과 과학에 적당한 거리감을 두고자 하는 것이 궁극적인 이과 센스다. 이것이 바로 열심히 사회생활을 하는 여러분에게 지금 필요한 성숙한 분별력이 아닐까?

5장

거대과학이 지닌
함정

: 의심하는 힘을 기른다

이과와 문과,
무엇이 다른가?

: 이과의 발상을 배우다

1장

"문과 나왔어요,
이과 나왔어요?"

"너는 문과야, 이과야?"

우리가 보통 대화하다가 흔히 나오는 말이다.

나는 20대부터 30대에 걸쳐 8년 정도 캐나다에서 대학원 생활을 했는데, 캠퍼스 안에서든 밖에서든 그런 질문을 받았던 기억이 한 번도 없다. 유학한 학교는 맥길대학교라는 캐나다 동부에 있는 유서 깊은 대학이다. 따라서 유럽은 물론 아시아, 아프리카, 오세아니아 등 세계 각지에서 온 연구원과 학생이 모여 있었는데, 아무도 이과냐 문과냐를 신경 쓰지 않았다. 즉 글로벌한 관점에서 봤을 때는 이과냐 문과냐를 따지는 구분이 그다지 큰 의미가 없다는 뜻이다.

물론 서양에도 고도의 수학을 사용하거나 실험실을 쓰는지 아닌지에 따라 문과와 이과라는 울타리가 있다. 하지만 서양에는 모든 것을 이과나 문과로 명확하게 구분하지 않는다. 애초에 그런 분류 감각이 매우 희박하다. 그렇다고 해서 서양을 기준 삼아 우리가 문과와 이과를 분류하는 것이 의미가 없다고 일방적으로 부정할 수도 없다.

어째서 이런 차이가 생겨났을까? 여기에는 역사적 이유가 있다. 현대 과학은 17세기 과학혁명을 계기로 유럽에서 생겨난 근대 과학을 주춧돌 삼아 성장해왔다. 반면에 우리는 이를 근대화 과정에서 급작스럽게 완성된 형태로 수입해왔다는 차이가 있다.

이미 알다시피 유럽 문화는 고대 그리스가 원류다. 그런데 모든 지식에 능통했던 철학자 아리스토텔레스를 떠올려보면 알 수 있듯이, 유럽에는 과학이 철학의 한 분야로 발전해왔다는 역사적이고 문화적인 배경이 있다.

따라서 17세기 과학혁명을 이끌었던 갈릴레오나 뉴턴의 역학에 관한 연구는 당시에 '물리학'이 아닌 자연현상을 탐구하는 '자연철학'으로 여겨졌다. 실제로 아직 서양에서는 화학이든 생물학이든 과학자가 박사 학위를 취득하면 모두 '철학 박사(Ph.D.)' 칭호를 부여한다. 과학자의 기원은 철학자인 셈이다. 이는 자연과학뿐만 아니라 경제학 등 사회과학이나 심리학 등 인문과학에서도 마찬가지다. 즉 서양 사회에는 모든 학문의 기원이 하나라는 관념이 깊게 뿌리내렸다.

한편 일본의 특수한 사정을 살펴보면, 문과와 이과의 구분을 중시하는 방식은 사실 일본 근대 국가의 출발점이었던 메이지 정부가 대학을 설립했던 시기로 거슬러 올라간다. 즉 실험이나 실습 면에서 교육에 돈이 들어가는 이학, 의학, 공학 등을 이과로, 돈이 들지 않는 문학이나 법학 등을 문과로 나누고 예비 대학생인 고등학생이 입학할 때부터 문과와 이과로 교육 과정을 분리했던 것이 발단이다.

조기 선별을 통해 교육 비용을 절약하고 서양의 연구 수준을 서둘러 따라잡기 위해 빠르게 인재를 육성하려는 목적이었다. 분명 당시에는 정책적으로 이점이 있었겠지만 메이지 정부의 이런 사정이 현대 일본의 교육 제도까지 큰 영향을 미친 셈이다.

우리는 문과와 이과 외에 예술계나 체육계 등으로 학생을 조기에 세부적으로 구분하고 분류한다. 하지만 서양 사람들에게는 문학, 수학, 음악, 스포츠가 모두 한 덩어리로서, 모든 면에 풍부한 소양이 있어야 교양인이라는 일반 교양(liberal arts) 중시 의식이 밑바탕에 깔려 있다. 서양 사람의 의식을 따른다면, 어느 한 사람을 이과나 문과로 구분할 수 있다는 발상 자체가 일종의 환상이다.

이상으로 문과와 이과의 명확한 구분은 무의미하며, 이과를 특별취급하면서 콤플렉스를 가질 필요가 없다는 점을 확인했다.

요점 정리를
좋아하는 이과

그럼에도 우리 대부분이 문과와 이과를 구분하려 하고, 그런 사회적 배경에서 교육받았기 때문에 문과와 이과 사이에 특징적 차이가 생겨버린 것 또한 사실이다. 따라서 우리는 사회를 살아가면서 현실적으로 문과와 이과라는 벽을 의식할 수밖에 없다. 그래서 본인이 문과임을 굳게 믿는 여러분에게는 이과생과 문과생이 도대체 어디가 다른지에 우선 초점을 맞추고 요점을 정리해서 제시해주어야 할 것 같다.

그런데 방금 '요점'과 '정리'라는 표현을 사용했다. 사실은 이것이 이과적 발상법의 첫 번째 특징이다. 바로 뭐든지 '요점 정리하는 것'이다.

갈릴레오는 지구가 탄생한 이후 수없이 지상으로 계속 낙하했던 모든 물체의 움직임을 '낙하의 법칙'이라는 한마디로 정리해버렸다.

그는 하늘에서 빗방울이 낙하하든, 지붕에서 기왓장이 낙하하든, 또는 고양이가 낙하하든 떨어지는 속도에는 관계가 없다고 결론 내렸다. 모든 물체의 모양이나 무게를 뒤로하고 심지어 공기 저항도 무시함으로써 '모든 물체는 똑같은 속도로 낙하한다'는 간결한 법칙으로 정리했다.

뉴턴에 이르러서는 물체의 모든 움직임이 단 세 가지 법칙으로 정리되었다. 세상의 모든 움직임을 뉴턴의 3법칙, 즉 '관성의 법칙', '가속도의 법칙', '작용 반작용의 법칙'만으로 설명했다. 새삼 생각해보면 참으로 무서우리만치 명쾌한 정리 방식이다.

과학자들의 이런 성향은 아직도 전혀 변함이 없다. 예를 들어 현대의 이론 물리학자들은 우주의 모든 삼라만상을 단 하나의 방정식으로 표현하겠다는 목표를 지향한다. 이를 '만물 이론'이라고 부르는데, 과학자들은 만물 이론을 구축하기 위해 밤낮없이 필사적으로 연구를 계속하고 있다. 바로 이렇게 생각하면서 말이다.

"우주의 탄생, 블랙홀의 역동적 변화, 소립자의 동작 이 모든 것을 단 하나의 방정식으로 정리해서 계산할 수만 있다면 얼마나 근사한 일이겠는가!"

사소한 것은 버리고
본질만 골라낸다

이론 물리학 이야기는 뒤로하고, 이처럼 '요점 정리하는 것'을 다른 표현으로는 '추상화'라고 한다. '추상'이라고 하니 피카소의 추상화 같은 것이 떠오르면서 오히려 뭐가 뭔지 모르겠다는 인상을 받았을 수도 있겠다.

쉽게 말하자면 어떤 것의 특징을 결정하는 개별적 요소 중에서 사소한 부분을 걷어내고 본질적이며 중요한 부분만 골라내는 것이 추상의 본래 의미다.

이과생 중에 "요약하면…"이라든지 "그 이야기를 정리하면…" 같은 말을 입버릇처럼 하는 사람이 많다. 이과생은 추상화를 매우 좋아해서 뭐든지 그림으로 나타내거나 조목조목 적거나 수식으로 만들어 정리한다.

여러분은 이과생의 깔끔한 정리에 감탄하면서도, "그건 추상론이다!" 하며 반발한 적도 분명 많을 것이다. 하지만 여러 요소 중에서 본질적 법칙이나 요소를 찾아내는 이과생의 추상화 능력은 일상에서도 유효하기 때문에 당연히 갖추는 편이 좋다.

그러나 본인이 완전히 문과라고 굳게 믿는 여러분도 딱히 실망할 필요는 없다. 이과의 추상화 대신에 여러분은 '구체화'에 더 뛰어나기 때문이다. 따라서 이과생이 발언하면 서로 잇달아 말꼬리를 잡는다.

"그렇게 멋대로 정리하지 마세요!"

"하찮은 것을 버릴 줄 모르니까 곤란해진 것이 아닙니까!"

"구실은 됐으니까 구체적 방책을 내보세요!"

나는 우리 사회의 문과 대 이과라는 무의미한 대결 구도가 성립한 원인 중 대부분이 바로 여기에 있다고 본다. 문과와 이과가 서로 양쪽의 차이를 이해만 해도 세상이 조금 더 평화로워지지 않을까 하는 생각마저 들 정도다.

예를 들어 추상화에는 능숙하지만, 구체화에는 서툰 이과생이 고객과 거래 성사를 매듭지을 때 문과생 상사로부터 다음과 같은 조언을 받았다고 치자.

"이 안건에 대해서는 인근 ○○ 지점에도 인사 한마디 전해둘래?"

하지만 이과생은 고객에게 제품의 성능이나 가격을 정확하게 제시하는 일이야말로 가장 중요하다고 믿는다. 주위에 대한 배려를 사소하게 여기고 인근 지점에 대해 지원을 소홀히 한 탓에 ○○ 지점에서

느닷없이 불평을 듣는다. 하지만 정작 본인은 '무슨 그런 사소한 일 가지고…'라며 이해하지 못한다.

반면에 구체화에 뛰어난 문과생은 실제 업무를 처리할 때 작은 배려가 오히려 무시하지 못할 성과를 가져올 것임을 잘 안다. 따라서 A사에서 주문을 받아내려면 판매하려는 제품의 성능과 가격이 가장 중요한 사항이자 본질일지라도 A사에서는 B 부장이 핵심 인물이라는 점, 그 사람이 노래방을 좋아한다는 점 등을 세세하게 알아내어 정성껏 접대하고 보란 듯이 성과를 낸다.

다만 문과생은 구체적 업무에 얽매이는 면이 있다. 따라서 회사의 이익이라는 본질 중 본질을 어느새 망각하고 고객인 A사의 중요도와 접대비의 비용 대비 효과 사이에서 균형을 고려하지 못한 채 연일 B 부장과 노래방에 가기도 한다. 이는 "나무만 보고 숲을 보지 못한다"고도 바꿔 말할 수 있다.

비유하자면 눈앞에 벚나무가 있고 건너편에 매화나무가 있다고 해도 이과생은 숲 전체를 조망한 뒤 '이곳은 편백 숲이다'라는 본질을 간파해낸다. 따라서 편백을 중심으로 숲의 관리 방식을 고려한다. 다만 이과생은 나무 한 그루씩 구체적으로 돌보는 데는 서툴다.

반면에 문과생은 나무 한 그루씩 요령 있게 돌보면서 벚나무의 병충해 등을 능숙하게 방지해낸다. 하지만 숲에서 우선해야 할 편백의 계획적 식림이나 벌채에 따른 관리 등은 생각하지 못한 채 눈에 띄는 벚나무나 매화나무를 돌보는 데만 집중한다.

이처럼 추상화와 구체화에는 장단점이 있는데, 추상화가 더 범용성이 높다는 점에서 양쪽의 차이가 크다. 즉 추상화는 폭넓은 응용이 효과를 발휘하는 반면, 구체화는 그러기가 어려우며 국소적으로밖에 사용할 수 없는 특수성이 간혹 있다는 점이다.

이제 두말할 나위도 없겠지만, 추상이든 구체든 양쪽 모두 중요하다. "나무만 보고 숲을 보지 못한다"는 말에 대비해 "신은 디테일에 깃든다"는 교훈도 있듯이, 대개는 반대되는 평가가 있다. 범용성과 특수성이라지만 "하나가 잘되면 만사가 잘된다"는 말처럼 하나의 특수성을 철저하게 파헤침으로써 오히려 모든 것에 통용하는 범용성을 획득할 때가 꽤 있다는 사실은 다들 경험을 통해 알 것이다.

자칭 문과인 여러분은 이미 구체화에 강하겠지만, 그래도 이제는 일상 업무에서 구체화에만 몰두하지 않기 바란다. 앞으로 추상화에도 좀 더 의식적으로 신경을 쓰다 보면 눈에 보이는 것이 완전히 달라질 것이다. 그런 의미에서 이과 센스의 일면이 이제라도 보인다면 다행한 일이다.

논리란 숫자로 표현되는
사고의 규칙이다

인간의 능력에는 본래 이과나 문과가 따로 없다는 점을 거듭 강조했다. 하지만 우리는 어쨌거나 문과와 이과로 나뉘어 교육받았고, 결과적으로 지금까지 설명한 것처럼 이과생이 문과생보다 요점을 파악하는 데 뛰어나다는 사실은 분명하다.

그러나 문과를 자인하는 사람들에게는 이과생에 대해 지울 수 없는 불신감도 있는 것 같다.

"이과생은 '아인슈타인 방정식은 아름다워!'라며 뜻 모를 표현이나 나불대고 말이야."

"프로그램의 숫자를 보며 '완벽해!'라며 넋을 잃기도 하고."

하지만 앞서 소개한 요점 파악 능력과 '아름답다', '완벽하다'라는 만족감에 젖은 이과생의 중얼거림은 사실 깊은 곳까지 이어져 있다.

이과생이 '아름답다'고 표현할 때는 눈앞에 있는 숫자나 방정식이 '어떤 현상'의 본질을 빠짐없이 포착해서 쓸데없는 요소가 전혀 없다는 점을 의미한다. 이과생 입장에서 어떤 현상이란 천체 현상이든, 사회 현상이든, 또는 우리 회사의 매출 동향이든지는 상관없다. 그런 본질을 군더더기 없이 파악할 수만 있다면, 이과생에게는 모두 아름답게 보인다.

예를 들어 이과생이 아인슈타인 방정식을 아름답다고 느끼는 이유는 고작 10개 정도의 방정식 모음이 우주의 태초부터 종말까지 설명하며, 블랙홀의 역동적 변화까지 경이로운 수준의 정밀도로 예측하기 때문이다.

또한 방대한 프로그램을 들여다보며 정신을 차리지 못하는 이유는, 컴퓨터 언어를 완벽하게 사용해 프로그램이 전혀 군더더기 없이 작업을 100퍼센트 소화한다고 느낄 때 스스로 도취하기 때문이다.

그런데 이런 느낌은 세간에서 일반적으로 문과의 범주로 분류되는 뛰어난 시 작품이나 명곡을 접했을 때의 감동과 비슷하다. 일본 시인 나카하라 주야의 "더럽혀진 슬픔에…"라는 구절에 안이하게 단어 몇 개 덧붙여봤자 진부해질 뿐이다. 프랑스 작곡가 에릭 사티의 〈짐노페디 1번〉을 재즈 피아니스트가 독자적으로 편곡해서 연주하는 것을 몇 번 들어봤는데, 유감이지만 쓸데없는 발버둥질이었다.

방정식과 프로그램, 시와 음악이 '애초에 전혀 다르지 않나?'라고 생각할 수 있다. 하지만 본질적으로 모두 기호 표현이기 때문에 완성

품에서 느끼는 아름다움에는 문과와 이과의 차이가 있을 리 없다.

다만 '아름답다'든지 '완벽하다'라고 느끼는 방식에는 일종의 공통점이 있지만, 기호를 나열하기 위한 규칙은 분야별로 취지가 상당히 다르다. 여기서 말하는 규칙이란 시의 경우 언어 규칙인 문법이고, 음악의 경우 악보에 음표를 적기 위한 음악 이론이라는 의미다. 특히 시나 음악은 완전히 규칙화할 수 없는 모호한 정서나 감성에 지배받는 부분이 크고, 즉흥적 요소가 중요할 때가 많다. 따라서 본래의 문법이나 음악 이론에서 벗어난 표현이라고 해서 꼭 오기나 잡음으로 여기지 않고 오히려 존중될 때가 드물지 않다.

그러나 이과는 자신의 사고를 기호로 표현할 때 방정식이든 컴퓨터 프로그램이든 정서에 좌우되지 않으며, 순수하고 엄격하게 숫자나 수학만으로 본질을 추구할 수 있다. 여기서 숫자로 표현되는 사고의 규칙, 이른바 사고의 문법에 해당하는 것이 바로 '논리'다.

따라서 문과와 이과 교육의 결정적 차이란 수학 자체를 사용할 수 있는지와는 관계가 없다. 평소에 수학을 사용함으로써 결과적으로 논리를 자유자재로 구사하는 훈련이 숙달되었느냐에 따라 문과와 이과의 차이가 나타난다 해도 전혀 과언이 아니다.

직장인이
논리를 공부하는 이유

요즘 대형 서점의 경제경영서 코너에 가보면 직장인을 대상으로 하는 논리학 입문 교과서나 논리 연습 책이 진열되어 있다. 어째서 현대의 비즈니스 현장에 논리학이 필요해졌을까?

나는 간단히 이렇게 대답한다.

"복잡해진 비즈니스 사회의 무대 뒤편에는 무수한 방정식과 컴퓨터 프로그램이 꿈틀거리기 때문입니다!"

그런데 이렇게 말하면 다음과 같이 반론할 수도 있다.

"아니에요. 다케우치 씨는 비즈니스에 아마추어라 잘 모르겠지만, 우리가 논리학을 공부하는 이유는 회의 중에 상사나 동료를 설득하거나 거래처와 교섭을 유리하게 하기 위해서지요. 방정식이나 프로그램 따위와는 전혀 관계없다고요."

하지만 나 역시 과학 작가가 되기 전에는 영세하게나마 회사를 경영한 적이 있고, 현재도 한창 교육 벤처 기업을 설립하는 중이다. 작가로서 25년에 걸쳐 다양한 업종의 사람들을 상대로 일하기도 했다.

그러니 단언할 수 있다. 예컨대 25년 전에 내 주위에 있던 직장인들이 필사적으로 논리학 공부를 했냐면 그런 적은 없었다. 이런 경향은 얼마 전까지 쭉 마찬가지였고, 아마 여러분 주위에서도 그랬을 것이다. 실제로 대학에서 수학과나 철학과에 들어가지 않는다면 논리학을 배울 기회는 별로 없다. 그러나 설득해야 하는 상사, 동료, 거래처는 예전부터 우리 눈앞에 있지 않았던가.

그렇다면 무슨 일이 있었던 걸까? 그것은 사회 환경의 변화, 특히 비즈니스를 둘러싼 환경의 격변이며, 이를 초래한 가장 큰 이유가 사회 구석구석까지 파고든 '정보화'다. 예를 들어 국제화는 이미 수십 년 전부터 강조되었지만, 영어의 사내 공용어화는 최근 들어서야 갑자기 이슈로 부상했다. 인터넷이 보급된 현대 사회에서 비즈니스를 하려면, 꼭 해외에 파견되지 않더라도 인터넷 공간의 공용어인 영어를 사용할 필요가 있다. 표면적으로는 국제적으로 통하는 회사 인재를 육성하기 위해서라고 설명하기도 하는데, 이 역시 정보화로 인해 다양한 업무 기술에서 국제적 평준화, 이른바 '플랫화'가 일어났기 때문이다.

그리고 정보화에 따라 컴퓨터라는 기계 자체를 구사할 필요가 생겼다. 길거리의 작은 사무실에서도 이제 엑셀 같은 표 계산 소프트웨어를 전혀 사용하지 않은 곳은 찾아보기가 매우 어려운 시대다. 엑셀로 손익 계산서 등을 만들려면 최소한의 수식(방정식)을 다룰 줄 알아야 한다. 더욱이 수식을 사용하면 거기에는 논리라는 사고의 규칙이 큰 틀로 우리 앞에 자리 잡고 있다. 사회의 정보화와 함께 비즈니스의 컴퓨터화·수학화가 진행됨으로써 논리적 사고를 올바르게 할 수 있는 사람과 그렇지 못한 사람 사이의 양극화가 시작된 셈이다.

정보화 이전에는 비즈니스 사회를 살아가는 데 필요하다고 여겨지는 논리성은 문과 교육만으로도 충분했다. 예를 들어 법학이란 법적 개념을 논리적으로 쌓아올려 만들어진 체계이다. 따라서 법학부에 진학해 법학의 기초만 제대로 공부한다면, 수학이나 물리만큼의 엄밀성은 없다고 해도 상사나 거래처에서 "당신의 설명은 논지가 명확해서 알기 쉽네요"라고 평가받을 정도의 논리성을 익히는 것은 가능했다.

그랬던 비즈니스가 인터넷 사회가 도래하면서 점차 컴퓨터화·수학화됐다. 빅데이터 분석이든, 갖가지 금융 통계 지표 이용이든, 회사 내 통계 숫자든 간에 수치가 도출된 밑바탕에 있는 사고의 논리성을 이해하는 능력을 갖추지 못한다면 사실상 승부는 이미 결정 난 것이나 다름없다.

이야기가 조금 옆길로 샜는데, 이렇게 말하는 나 역시 대학에 진학할 때는 여러분과 똑같이 문과였다. 나는 도쿄대학교의 문과 1류라는 곳에 입학했다가 결과적으로 3학년 때 교양학부 교양학과의 과학사·과학철학 분과라는, 실로 문과인지 이과인지 모를 곳으로 진학했다. 사실 문과 1류는 대다수가 법학부로 진학하는 과정이다.

몇 년 전에 동창회가 있어 30년 만에 잠깐 얼굴을 내비쳤는데 "세상에, 결국 법학부가 정원 미달이라지 뭐야?"라는 소식으로 시종 떠들썩했다. 인터넷 이전 세상에서는 도쿄대학교 법학부를 나와 중앙 관공서나 일류 기업에 취직하면 앞길은 평생 탄탄대로가 열릴 것이라고 생각했다. 그러나 시대가 바뀌었다. 이제 많은 학생은 법학부가 아닌 교양학부에서 국제 관계론을 배우거나 공학부에서 금융 공학을 전공해야 취직은 물론 앞으로 인생에서 펼쳐질 생존 경쟁에서 유리하다고 생각한다. 따라서 다른 학부로 옮기는 학생이 점차 늘어나면서 결국 '천하의 도쿄대학교 법학부가 정원 미달!'이라는 사태로 이어졌다.

다시 원래 주제로 돌아오면, 논리 책이 유행하는 배경을 일종의 교섭술이나 회화술 노하우에 대한 수요 때문으로 보는 것은 옳지 않다. 고도로 컴퓨터화한 사회에서는 논리력이 뛰어난 인재가 좋은 실적을 올리고, 발표력도 높다는 점을 많은 직장인이 감지했기 때문에 논리 책에 손을 뻗는다고 보는 것이 냉정한 상황 분석이다.

이과생의
프로그래밍 능력

비즈니스 현장에서 고도의 논리성이 필요해진 계기를 살펴봤는데, 그렇다고 해서 "논리 책 갖고 임시변통으로 논리 연습을 해봤자 소용없어요. 그걸로 거래처를 설득하거나 회의를 주도하기란 무리입니다"라는 식으로만 말하자니 너무 노골적이다.

또한 나중에 어차피 정보화에 대응해야 하기 때문에, 앞뒤 순서를 제쳐두더라도 당장 목표를 논리적이고 설득력 있게 발언하는 수준으로 설정하겠다는 생각은 현실적이다.

그렇다면 논리 연습에 의존하지 않고 '효과적으로 논리성을 익힐 방법은 없을까?', '커뮤니케이션은 서툰 주제에 회의만 했다 하면 거침없이 정론을 펼치는 이과생에게 어떻게든 대항할 수단은 없을까?'라는 여러분의 기대에 부응해야 할 것이다. 당연하지만 나의 대답은

'있다'다.

대책을 마련하기 위해 우선 이과생이 무엇을 하는지 살펴보자. 이 과생은 엑셀 프로그램을 능수능란하게 다룰 뿐만 아니라, 잘 보면 간단한 프로그램까지 직접 짜서 사용한다.

이과생이 지닌 논리력의 근원에는 이런 '프로그래밍 능력'이 있다. 보통 세상에서는 그다지 인식되지 않지만, 프로그래밍이란 수학 언어에 의한 궁극적 표현이다. 따라서 논리의 흐름이 아주 조금이라도 올바르지 않다면, 그것이 곧 '결함'이 되어 컴퓨터는 지시한 '작업'을 전혀 소화할 수 없다. 그렇기 때문에 프로그래밍이라는 행위 자체가 공교롭게도 사소한 잘못조차 절대 허용하지 않는, 마치 스파르타식으로 논리를 가르치는 교사처럼 느껴지기도 한다.

"하지만 업무만 조금 잘 돌아가면 충분한데 이제 와서 프로그래밍 공부까지 시작할 수는 없어요. 다케우치 씨, 그게 오히려 더 무리한 난제입니다"라는 여러분의 비명이 다시 들려오는 것 같다.

확실히 현실적인 비즈니스 현장에서는 거래처에 연신 고개를 숙인다든지, 친절한 동료에게 의지한다든지 해서 억지로 어떻게든 넘어갈 때가 적지 않다. 하지만 그런 방법에는 논리성이 왜곡되어 있다는 의식이 필요하다. 그런 방법이 오래갈 리도 없다.

그렇다고 해서 본질적인 것, 논리적인 것을 척척 내세우는 사람들이 모두 전문가 뺨치게 프로그래밍을 할 수 있다는 것은 아니다. 그런 정도의 기량이 있는 사람이라면 여러분이 참석하는 회의가 아니라 소프트웨어 개발자가 모이는 회의에 불려 다니지 않겠는가.

그러니 여러분이 따라잡을 여지는 충분히 있다. 물론 전문가 수준으로 프로그래밍을 배울 필요는 전혀 없다.

나는 딸이 다섯 살이 되었을 때부터 MIT(미국 매사추세츠 공과대학교)의 미디어랩에서 개발한 '스크래치 주니어(https://scratch.mit.edu/)'라는 유아용 프로그래밍 학습 앱을 갖고 놀게 했다. '유아용?'이라는 여러분의 의아해하는 목소리가 역시 들려오는 것 같지만, 결코 무시할 만한 수준은 아니다.

딸은 아이패드상에서 다양한 명령 블록으로 마치 게임하듯 토끼나 곰 같은 캐릭터를 움직이게 하면서 놀고 있다. 개별 블록에는 각각 '오른쪽으로 한 걸음 가기', '왼쪽으로 90도 회전하기', '제자리에서 점프' 같은 명령을 의미하는 화살표 일러스트가 그려져 있다. 블록을 일렬로 늘어놓으면 전체가 어엿한 프로그램으로서 기능하는데, 화면상에서 보면 고양이가 바닷가를 오른쪽 왼쪽 여기저기를 돌아다니면서 가끔 폴짝 뛰어오르기도 한다.

딸이 미리 마음속에 그린 대로 고양이가 움직이지 않을 때가 있다. 물론 이유는 명령이 적힌 블록의 나열 방식을 딸이 착각했기 때문이다. 하지만 딸이 잘못을 깨닫고 블록 순서를 바꾸면 이번에는 생각한 대로 움직인다. 즉 딸은 논리 흐름의 착오를 인식하고, 그것을 스스로 수정할 수 있다.

이렇게 다섯 살 아이가 블록 놀이를 통해 자연스럽게 논리력을 배

워가는 모습은 곁에서 봐도 놀랍기만 하다. 역시 이처럼 선진적인 교재에서 미국을 따라가려면 아직 갈 길이 먼 것 같다. 참고로 '스크래치 주니어'를 졸업하면 다음에는 8세부터 16세용의 '스크래치'라는 앱도 있다.

만일 독자 여러분이 유아나 초등학생용 앱마저 제대로 사용할 수 없다면, 애석하게도 회의에서는 논리성이 아니라 쭉 그래왔던 것처럼 과거 실적이나 경험을 방패로 삼을 수밖에 없다.

하지만 방금 소개한 스크래치 주니어나 스크래치는 의외로 성인도 즐길 수 있게 만들어졌다. 여러분이 여태까지 소홀히 해왔던 논리란 과연 무엇이었는지, 논리의 정체를 피부에 와닿게 확실히 파악할 수 있다. 정말로 추천하는 앱이다.

최근 몇 년 동안 일본에서는 '초등학생에게 배우게 하고 싶은 레슨 순위' 상위 10위 안에 '프로그래밍'이 매년 진입했다. 요즘 아이들은 10년 후, 20년 후에 '디지털 네이티브(태어날 때부터 디지털 기기에 둘러싸여 성장한 세대 ─옮긴이)'로서 당연히 고도의 논리성을 익히고, 전 세계 비즈니스 현장에서 활발하게 활동할 것이다. 나는 그때나 되어서야 겨우 문과와 이과라는 편협한 벽이 자연스레 소멸하리라고 기대한다.

'나는 문과니까 컴퓨터라든가 수치 분석 같은 건 이과생에게 맡겨두면 돼'라고 말할 수 있는 시대는 이미 지났다. 아니, 조금 양보하더라도 머지않아 급속히 끝날 것이다.

프로그래밍을 깊은 수준까지 이해할 필요는 전혀 없다. 하지만 컴퓨터 프로그램이 어떤 사고에 따라 구성되며, 어떤 논리로 작동하는지 같은 기초 원리는 이제 영업직이나 사무직 직종에서 일하는 사람이라도 이해해야 하는 시대가 왔다.

모든 것은
상식을 깨는 데서 시작된다

이과의 발상법 중 첫 번째는 '요점 정리하는 것'이었는데, 이어서 두 번째로 소개하고 싶은 것이 바로 '전례의 타파'다.

이과생이 하는 일이라면 그저 계산이나 실험만 주야장천 반복하기만 한다는 이미지가 있을지도 모르겠다. 당연한 일이지만 이과생들이 그것만으로 평가되지는 않는다.

과학 연구와 기술 개발 현장에서는 독자적 발견이나 발명이 있어야 비로소 평가되고 칭찬받는다. 신제품 개발이든, 신기술 발명이든, 신소재 발견이든 간에 어쨌든 기존의 전례를 타파하지 않으면 논의가 시작되지 않는다는 점은 이해했으리라 본다. 따라서 이과생이 모인 과학기술계 직장에서는 항상 새로운 뭔가가 요구되는 숙명을 안고 있다.

다만 노벨상급 과학자도 처음에는 기본적 계산이나 실험을 하면서 배운다. 애초에 학교 교과서에서 배우는 내용은 모두 전례이고, 어떤 사람이든 일단 그 단계에서 기준이라고 여겨지는 법칙이나 이론, 방법론을 습득한다. 즉 '전례의 답습'이다. 여기에는 문과와 이과의 차이가 없다. 스포츠나 음악에서도 마찬가지다.

다만 이과에서는 상당히 이른 단계에서 전례의 답습을 종료하고, 태도를 완전히 전환해 전례의 타파를 지향하며 독자 노선을 걷기 시작한다. 그리고 이것이 바로 발견이나 발명이라고 불리는 길을 향한 왕도다.

이는 회사에 근무하면서 업무의 기초를 터득한 사람이 독자적인 비즈니스 모델을 내세우며 벤처 기업을 설립할 때도 마찬가지다. 물론 같은 회사에 계속 근무하면서 전례를 타파하는 사람도 있다. 기존의 업무 처리 방식을 과감하게 바꾼다든지, 기업용 비즈니스를 일반 소비자용으로 대전환하는 아이디어 역시 훌륭한 전례의 타파다.

따라서 문과라도 전례의 타파를 의식하는 사람은 적지 않다. 하지만 이과는 비교적 일찍부터 전례 타파의 필요성을 배양하지만, 문과에서는 예전 사람의 문헌이나 지도 교수의 학설을 잘 답습하기만 해도 대학을 졸업할 수 있는 경우가 많아서인지, 전례의 타파에 대한 의식이 아무래도 희박한 것 같다. 문과생이 많은 영업직이나 사무직 직장에서는 좋은 실적을 올리는 상사나 선배를 흉내 낼 수만 있다면, 다시 말해 전례를 답습할 수만 있다면 그렇게만 해도 충분히 성과가 나오고 좋은 평가를 받는 업무가 많은 것이 현실이다.

그러나 앞으로는 문과로 분류된 업무에서도 전례의 타파가 생존의 필수 요건이 될 것이다. 이토록 사회 변화가 극심한 시대에 관공서로 대표되는 '전례답습주의'만으로 대응할 수 없다는 점은 자명하다.

최근 인공지능(AI: Artificial Intelligence)이 논쟁거리로 부상할 때가 많다. 인공지능의 희생물이 되는 것이 바로 전례다. 왜냐하면 인공지능은 방대한 숫자의 전례를 단시간에 습득할 수 있는 데다, 전례 중에서 상황에 적합한 가장 효율적인 작업 패턴을 추출해 제어하에 있는 산업용 로봇에게 군더더기 없이 일을 시킬 수 있기 때문이다. 더구나 인공지능은 인간처럼 피곤해하거나 깜빡 실수할 일도 없다.

인공지능의 개발은 기존의 예상을 뛰어넘어 훨씬 급속도로 진행되었다. 따라서 전례에 익숙해지는 것만으로 높게 평가받던 업무는 앞으로 눈 깜짝할 사이에 인공지능과 로봇이 맡아서 하게 될 것이다. 전례를 답습하는 것만으로 일하는 사람은 곧 인공지능에 일자리를 내줄 운명에 처했다고 할 수 있겠다.

"그래도 내가 일하는 동안에는 괜찮을 거예요"라며 상황을 만만히 보고 현재 상황을 모면하고 싶은 사람이 있을지도 모르겠다. 사실 인공지능은 일상생활에도 빠르게 침투하고 있다. 가족이나 친구 사이의 유대감처럼 인공지능으로 결코 대체될 수 없는 정서적 관계가 있다 해도, 인공지능으로 충분히 대체할 수 있는 일밖에 할 줄 모르는 사람과 그렇지 않은 사람은 주위에서 보는 시선부터 달라질 것이다. 그래서 나는 전례를 타파해야 퇴직 후에도 인생의 풍요로움이 달라진다는 점을 충고해주고 싶다.

　현대와 가까운 미래를 제대로 살아갈 수 있을지는 이제 문과와 이과의 차이 같은 것이 아니라 전례를 타파하고 창조적으로 살아갈 수 있는지에 달려 있다.

일단
시작한다

전례의 타파와도 밀접하게 연관되어 있으며, 어떤 의미에서는 동전의 양면과도 같은 것. 이과적 발상법 세 번째는 바로 '사후 조정'이다.

사실 이렇게 말하는 나도 사후 조정이라는 단어를 강하게 의식한 지는 그리 오래되지 않았다. 불과 5, 6년 전에 있었던 통신·교통 컨설턴트이자 저널리스트인 가미오 히사시 씨와의 대담이 계기였다.

미국에서는 구글이나 애플 같은 기업이 생겨났는데, 일본에서는 어째서 독창적인 대형 벤처 기업이 생겨나지 않는지에 관한 대화를 나누었을 때였다. 가미오 씨의 다음과 같은 지적에 나는 갑자기 눈이 확 밝아진 듯한 기분이 들었다.

"미국은 사후 조정형이고 일본은 사전 조정형이니까요."

국토의 광대함이나 문화의 다양성 때문인지, 확실히 미국에서는 새로운 뭔가를 시작할 때 기본적으로 사전 조정을 하지 않는다. 미국인의 기본적인 생각은 일단 시작해보고 결함이 나오면 그때부터 조정하면 된다는 식이다.

반면에 일본에서는 무언가 새로운 일을 시작할 때 혼란이 일어나는 상황을 먼저 두려워한다. 관공서를 상대로 업무를 해본 사람이라면 꽤 공감할 텐데, 이는 개인보다 공동체를 강조하는 일본 특유의 집단 의식이 갖는 특징이다. 즉 사전에 모든 구성원의 이해나 동의를 얻는 것이 중시된다.

과학기술과 관련된 분야에서는 이런 차이점의 영향이 특히 뚜렷하다. 왜냐하면 이과적 발상은 기본적으로 미국의 사후 조정과 마찬가지이기 때문이다. 따라서 '과학기술은 점차 진보하기 때문에 조정하는 사이에 다음 기술이 나온다', '뭐가 일어날지를 전부 예상하기란 무리다', '사회와 조정하는 것은 사후에 해야 효율적이다'와 같이 생각한다.

어째서 그렇게 생각하게 되었을까? 이과생은 이론 구축과 실험을 통해 전례 타파를 위해 무수히 많은 시행착오를 거듭했고, 그런 과정에서 '전부'라든지 '확실'이라든지 '절대'와 같은 완전성을 확보하기가 얼마나 어려운 일이며, 대부분 그것이 불가능하다는 사실을 너무나 잘 알기 때문이다.

예를 들어 신기술로 인해 사고가 일어날 가능성을 고려할 때도 사고를 완전히 없애겠다는 발상이 아니라, 인명에 관련된 결정적 사고만큼은 막아야겠지만 나머지는 일정 범위 내에서 억제하면 된다는 식으로 생각한다. 흔히 말하는 '위험 관리'라는 발상이다.

반면에 관공서적 발상은 '과학기술의 새로운 시도는 기존 법률에 상정되어 있지 않다', '규제를 걸고 우선 각 관련 부처가 차분하게 사전 조정을 한 다음에 허가해야 한다'와 같이 사회적 정합성을 중시한다. 일반 사회의 관점에서도 확실성이나 안전을 요구하는 것 자체는 자연스럽고 소박한 인간의 감정이기 때문에 이런 발상을 매우 쉽게 받아들인다. 이런 식으로 필요 이상으로 정서가 중시되고 완전성이 요구된다.

이처럼 미국과 일본의 차이를 초래하는 것은 무엇일까?

우선 대부분 미국 국민에게 과학기술에 대한 상당한 이해가 있다는 점을 들 수 있다. 종교나 여러 사회 계층을 고려했을 때 한마디로 말할 수 없는 부분도 있지만, 적어도 지식인층에서는 틀림없이 그렇다.

증거 중 하나로 미국과 일본에서는 과학지의 매출이 완전히 다르다. 미국의 대표적인 일반인 대상 과학지〈사이언티픽 아메리칸〉의 발행 부수는 50만 부를 초과하지만, 일본어판인 〈닛케이 사이언스〉는 수만 부에 불과해 자릿수부터가 다르다. 미국 항공우주국(NASA)과 일본 우주항공연구개발기구(JAXA)에 책정된 예산 역시 자릿수가 다르다. 인구는 약 2배 반, GDP는 고작 4배 정도밖에 차이 나지 않는데 말이다.

나는 이런 양국의 격차에는 과학에 대한 이해와 회의감이라는 국민의 심층심리적 차이점이 깔려 있다고 본다. 실제로 컴퓨터나 인터넷 분야의 선진적인 비즈니스 대부분은 미국에서 별안간 대두되었다.

그렇다면 혁신적 비즈니스에 필요한 기술이 일본에는 없었을까? 사실 대체로 그런 경우는 결코 없었다. 앞서 나왔던 가미오 씨도 지적했지만, 일본은 모처럼 기술을 보유하더라도 미국의 동향을 살피면서 법률적인 면을 사전 조정, 사전 정비하고 뒤따를 때가 많았다.

일본은 새로운 것과 모르는 것을 꺼리는 성향이 너무 강하다고, 혹은 너무 두려워한다고 할 수 있겠다. 하지만 이는 애초에 과학기술에 대한 낮은 이해도가 원인이다. 물론 새로운 발견이나 발명에 대해 적당한 경계감을 느끼는 태도는 중요하다. 하지만 일본은 과학입국을 표방하는 국가치고는 사회적으로 과학기술을 제대로 이해하려는 동기가 약하며 과학에 대한 근거 없는 불신이 뿌리 깊은 것 같다.

미국은 과학기술의 선행을 허용하고 사회적 영향이나 법률문제가 발생한 시점에서 사후 조정을 하는데, 일본은 과학기술의 폭주를 두려워한 나머지 사전 조정에 집착한다는 뜻이다. 미국은 사회 전체가 과학기술을 이해하고 신뢰하며 우선시하는, 말하자면 이과적 발상으로 움직이지만 일본은 과학기술에 회의적인, 굳이 말하자면 문과적 발상으로 제동을 걸어버린다고 할 수 있다.

미국에서는 공직자나 변호사, 사업가가 평소에 〈사이언티픽 아메리칸〉을 구독하고 최신 과학기술 동향을 파악한다. 따라서 과학기술을 무턱대고 두려워하지 않으며, 규제라든지 사전 조정과 같은 발상에 빠지는 경우가 적다. 그것이 바로 50만 부라는 숫자가 보여주는 의미다.

하지만 일본에서 공직자나 변호사, 사업가가 〈닛케이 사이언스〉를 애독하는 사람은 드물다. 과학지의 중심 독자는 원래부터 과학이나 기술 업계에 있는 사람들이며, 자신의 전문 이외 분야의 동향을 알기 위해 읽을 때가 많다.

이처럼 일본에서는 과학자나 기술자 이외의 사람들이 최신 동향을 따라가지 못하고, 지도적 입장에 있는 사람들조차 과학기술의 진보 실태를 이해하지 못한다. 과도하게 회의적인 태도를 보이며 과학기술을 마치 자기네들이 구축한 법적 질서나 사회적 질서를 어지럽히는 괴물처럼 느낀다. 말단에서 실무를 담당하는 관공서 직원들도 규제를 걸거나 사전 조정을 도모하는 데만 급급하다.

여기에는 이제까지 이야기했던 문과와 이과라는 문제가 깊이 관련되어 있다. 일본에서는 과학자나 기술자만이 고군분투해가며 과학기술 입국을 떠받치는 것이 현 상황이다. 일반 사회에서 폭넓게 과학기술에 대한 본질적 이해를 얻는 수준에는 이르지 못했다.

그 이유 중에는 이과생이 좁은 세계에 틀어박혀 자신들의 업무를 세상에 제대로 알리기 위한 노력이 부족하다는 점도 있다. 일본에서는 애초에 서로에 대한 신뢰감이 높은 탓인지, 상대의 전문 분야나 고유 영역에 그다지 발을 들여놓지 않으려는 사회 문화가 있다는 점도 크게 영향을 주는 것 같다.

서로의 업무에 대한 경의나 과도한 간섭을 피하는 것도 필요하겠지만, 그것과 무관심 또는 몰이해는 별개의 문제다. 자칭 문과인 여러분이 이과적 발상이나 과학기술의 본질에 조금씩 밝아지기만 해도 진정한 의미에서 과학에 대한 신뢰가 싹트고 가깝게는 회사에서 훌륭한 아이디어가 파묻히는 일도 줄어들 것이며 나아가 우리 사회의 점진적인 발전으로도 이어질 것이다.

　'전례는 있습니까?', '법률은 마련되어 있습니까?', '미국이나 유럽에서의 실적은 어떻습니까?' 같은 전례답습주의와 사전 조정이 만들어내는 함정에 발목을 잡히는 과학자나 벤처 기업의 손실은 도대체 어느 정도나 될까?

　그중 한 가지 예가 도쿄대학교 출신들이 설립했다가 2013년에 구글에 인수된 샤프트(Schaft)라는 인간형 로봇 개발 벤처 기업이다. 샤프트는 걷어차도 쓰러지지 않는 경이로운 균형 기능을 갖춘 이족 보행 로봇 기술을 개발했지만, 일본 대기업이나 벤처 캐피털, 관제 펀드에서 자금을 조달받지 못해 최종적으로 구글에 몸을 의탁하는 신세가 되었다. 일본에서 이해해주지 않은 독창적 기술이 미국 구글에서는 최고의 평가를 받았다니 참으로 아이러니하다. 2016년 들어 일본 기업에 의해 재인수된다는 정보도 있지만 어떻게 될지는 의문이다.

자신이
특별하지 않다는 '깨달음'

다시 본론으로 돌아와서, 이과적 발상법에서 네 번째로 소개하고 싶은 것은 바로 '코페르니쿠스 원리'다. 다들 알다시피 코페르니쿠스는 지동설이라는 과학사에서 커다란 비약을 이루어낸 주인공이다. 이처럼 기존의 발상을 극적으로 바꾸는 것을 가리켜 철학자 칸트는 '코페르니쿠스적 전환'이라고 불렀다.

그런 코페르니쿠스의 이름을 딴 코페르니쿠스의 '원리'이지만, 이는 코페르니쿠스 자신이 뭔가 원리를 발견해서 이름을 붙인 것이 아니다. 코페르니쿠스가 '지구가 우주의 중심이라고 생각했는데, 사실은 태양이 중심이었다!'라는 사실을 발견함으로써 자기중심의 사고방식에서 벗어난 것을 의미한다.

방금 '태양이 중심'이라고 말했는데, 물론 현대 물리학에서는 태양도 우주의 중심이 아니다. 태양을 중심으로 하는 태양계 전체는 은하계의 중심을 축으로 돌고 있고, 은하계 역시 우주에 무수히 존재하는 은하 가운데 하나에 불과하다. 바꿔 말하면 코페르니쿠스 원리란 자신은 특별하지 않다는 '깨달음'을 뜻한다.

물리학의 진보 과정에서는 '지구 중심설→ 태양 중심설→ 은하 중심설' 같은 방식으로 우주의 중심이 바뀌었다. 이제는 '우리가 사는 이 우주도 특별하지 않고, 다른 무수한 우주가 존재하는 것은 아닐까?'라는 가설이 유력하다. 우리는 때마침 이 우주에 살고 있지만 공간적으로 이 우주와 이어져 있지 않은 곳, 이른바 다른 차원[異次元]에 다른 우주가 존재하며 거기에는 지적 생명체도 있을 것이라는 사고방식이다.

이처럼 계속 중심을 고쳐가며 특별한 지위를 모든 면에서 없애가는 것이 학문 발전의 흐름이며, 그것이 바로 코페르니쿠스 원리다. 코페르니쿠스 원리를 우리 주변에서 적용한 사례로는 '우리나라만 특별하지 않고 다른 여러 나라의 문화도 고려해야 한다'는 다문화주의를 들 수 있다.

특별한 중심이 없다는 깨달음은 절대성에서 상대성으로 사고가 발전한다는 의미다. 음악의 절대 음감과 상대 음감, 성적의 절대 평가와 상대 평가처럼 세상에는 '절대'와 '상대'라는 두 가지 척도가 존재한다. 또한 이 개념들이 반드시 대립한다고 단정할 수는 없다. 어느 쪽의 척도가 좋은지는 물론 상황에 따라 다르다.

"그런 것쯤은 알아요!"라는 든든한 목소리도 들리는 것 같지만, 사실 문과생 중에는 이런 상대화에 서툰 사람이 많다.

회의에서 발언을 주의 깊게 잘 들어보면, 이과생은 대부분 '절대'라는 표현을 쓰지 않는다는 사실을 알아차릴 수 있을 것이다. 반면에 문과생 중에는 '매출 5퍼센트 증가 절대 달성!'이라는 등 쉴 새 없이 '절대'를 입버릇처럼 말하는 사람이 적잖이 있다. 단순히 기질이거나 수사적 표현이라는 반론도 있겠지만, 언어에는 평소 사고의 흔적이 아주 정직하게 나타나는 법이다.

이과라면 대학 학부생 수준의 연구에서도 최초의 예측을 고집하는 것이 얼마나 위험하고 무의미한지를 철저하게 주입받는다. 그러다 보니 코페르니쿠스 원리대로 실험의 전제 조건을 근본부터 바꾸거나 이론 전개를 뒤집어엎는 일이 일상다반사다.

문과도 물론 뛰어난 연구는 제대로 상대화하지만, 구체적 사례에 따라 사고할 때가 비교적 많기 때문인지 문과생은 몇 가지 전제에 구속되어 절대적 척도로 사안을 판단하는 경향이 많다.

이과생의 지나치게 명쾌한 결론짓기에 반감을 느낄 때도 있겠지만, 현 상황을 고집해 사고를 고정화해서는 안 된다는 점은 두말할 필요도 없다. 앞에서 이미 추상화와 구체화를 비교했는데 절대화는 구체화와, 상대화는 추상화와 궁합이 맞는다고 한다면 조금 더 와닿을 것이다.

덧붙이자면 절대화는 주관적 관점에, 상대화는 객관적 관점에 적합하다. 이과생이 발언할 때 왠지 남 이야기하는 듯이 느껴질 때가 많

은 이유는 이런 성향 때문이다. 굳이 단순하게 정리해보자면 다음과
같다.

- 이과=추상, 상대, 객관, 논리
- 문과=구체, 절대, 주관, 정서

이런 사고의 버릇이 문과와 이과 양쪽을 특징적으로 나눈다. 다만
어느 쪽이 낮거나 우위에 있다는 말은 절대 아니다. 양쪽의 적절한 구
분과 균형이 중요하다.

어떤 관점에서
세상을 볼 것인가

앞서 말한 대로 상대라는 개념은 매사를 사고하는 데 특히 중요하다.

코페르니쿠스는 그때까지 우주의 절대적 중심으로 여겨졌던 지구를 '지동설'로 상대화했다. 이로써 지구는 특별한 지위를 잃게 되었다. 사실은 이 내용만 제대로 알아도 유명한 아인슈타인의 상대성 이론의 본질을 어렴풋이나마 이해할 수 있다.

아인슈타인 이전에는 공간이나 시간을 절대적으로 여기는 뉴턴의 절대공간·절대시간이라는 고정된 개념이 지배했는데, 이것을 극복한 것이 바로 상대성 이론이다.

아인슈타인은 상대성 이론을 기반으로 공간이나 시간은 절대적이지 않고 팽창하고 수축한다며, 우리 관점에서 직감적으로는 이해하기 힘든 불가사의한 현상을 예언했다.

아인슈타인이 죽은 지 16년 후인 1971년, 정교한 원자시계를 장착한 제트 비행기로 지구를 일주하는 실험을 했다. 그랬더니 59나노초(1나노초=10억 분의 1초)라는 엄청나게 짧은 시간이지만, 분명히 비행기에 실린 원자시계는 지상에 있는 원자시계보다 늦어졌다. 즉 아인슈타인이 말한 대로 시공간이 팽창하고 수축한다는 사실이 실제로 증명되었다.

오늘날 상대성 이론은 이론 물리학에 의한 책상머리 이미지에서 벗어나 더욱 실용적인 공학 분야에서 활용된다. 예를 들면 기계 설계나 위성을 운용하는 데 GPS 위성에 탑재된 시계와 지상에 있는 시계는 진행 방식이 다르다는 점이 당연한 전제가 되어 있으며, 상대성 이론을 토대로 다양한 시스템도 구성되어 있다.

따라서 'GPS 위성 시계가 고장 난 것 아냐?'라며 지구에 있는 우리의 시간축을 절대시하기란 이제 불가능하다. 위성 시계와 지상 시계 모두 정확하며 다만 진행 방식만이 상대적일 뿐이다.

우주에는 하나의 절대적 시간이 있지 않고, 무수한 상대적 시간이 존재한다는 것이 아인슈타인에 의한 상대성 이론의 주장인데, 그렇게 되면 다음과 같은 불가사의한 상황이 발생한다.

가령 A 씨와 B 씨가 각각 바깥에서 안쪽이 보이는 커다란 창문이 있는 우주선에 타고, 우주 공간의 어느 지점 C에서 고속으로 스쳐 간다고 치자. 이때 A 씨 입장에서 보면 B 씨의 우주선에 놓여 있는 시계는 자기가 탄 우주선의 시계보다 천천히 가는 것처럼 보인다. 하지만 B 씨 입장에서 보면 A 씨가 탄 우주선의 시계가 천천히 가는 것처럼 보인다.

A 씨의 시계와 B 씨의 시계 모두 고장은 나지 않았다. 그런데도 상대방의 시계가 자기가 탄 우주선의 시계보다 느리게 동작하는 것처럼 보인다고 주장한다. 모순되게 느껴질 수도 있겠지만, 상대성 이론이라는 발상으로 본다면 양쪽 모두 맞는 말이다.

A 씨를 중심으로 하면 B 씨의 시계가 느려졌고, B 씨를 중심으로 하면 A 씨의 시계가 느려졌다. 두 가지 시점이 있기 때문에 관측 결과도 두 개다. 시점에 따라 세상을 보는 방식이 달라지는 셈이다.

정리하면 내용은 이게 전부지만, 이것이야말로 상대성 이론의 중요한 본질이다.

경직된 결론을 내리는
문과

상대성 이론의 핵심이 잘 전해졌다면 다행한 일이다. 물론 상대성 이론은 훨씬 더 깊이 있는 이론이다. 따라서 상대성 이론이 간단하다고 말할 생각은 전혀 없다. 그러나 문과든 이과든 결국 매사를 냉정하고 합리적으로 따져야 한다는 기본은 다르지 않다는 점은 강조하고 싶다.

실제로 학창 시절에 친구들 부탁으로 상대성 이론을 설명해주었을 때의 경험이다. 이과생이지만 수학이나 물리에 다소 약한 화학이나 생물학을 전공하는 친구들보다는, 문과생이지만 철학을 배우는 친구가 상대성 이론을 훨씬 깊은 부분까지 이해했다.

즉 상대성 이론을 이해하는 데는 수학이나 물리적 지식보다는 엄밀한 논리적 사고에 뛰어나고 추상적 논의에 강한 철학과 친구가 더 적합했던 셈이다. 기본적으로 책상머리 이미지만으로 고찰하는 이론 물리학과는 달리, 화학이나 생물학에서는 실험의 성과처럼 눈앞에 있는 구체적인 것을 중요하게 여길 때가 많다. 따라서 수학이나 과학 일반에 관한 지식은 부족해도 논리적이고 추상적인 고찰에 숙달된 철학과 친구가 상대성 이론을 있는 그대로 이해할 수 있었다.

이과 세계는 엄밀한 논리나 수학이라는, 말하자면 오차가 없는 규칙으로 구축되어 있다 보니 여러분이 상상하는 대로 가까이 하기 어렵고 딱딱한 구석이 있다는 점은 분명하다.

하지만 거기에서 도출되는 결과는 오히려 매우 다양하고도 자유롭다. 양자역학이나 소립자론처럼 기존의 사고를 깨부수는 장대하고 놀랄 만한 이론이 생겨나거나, 미지의 세계에서 상상을 초월하는 발견을 초래하거나, '이렇게 편리할 데가!' 할 정도로 놀라운 신기술이 만들어지기도 한다. 여러분도 과학에 대해 딱딱하다는 이미지와 동시에 자유롭고 확장성이 있다는 이미지를 갖고 있을 것이다.

반대로 문과 세계는 처음에는 다소 느슨하고 친숙해지기 쉬우며 이해가 잘 되는 구석이 있지만, 사실 거기서 도출된 결과가 의외로 경직될 때가 많다. 결론이 정해져 있다고까지는 할 수 없겠지만, 어떤 큰 틀에서 헤어나지 못하는 듯한 면이 많은 것 같다.

사무직 공무원들과 이야기할 때 자주 느끼는데, 개개인은 발상도 풍부하고 유머러스한 사람이 많은데도 구체적 논의나 절충 단계에 이르면 처음부터 필요 이상으로 엄격하게 선을 긋는 구석이 있다. 그러다 보니 '여기에서 절대로 나가지 않겠어!'라고 정해놓은 듯한 완고함을 자주 접한다. 입구는 느슨해도 출구는 빡빡하다.

일반 사회에서는 절차가 엄밀한 대신 어떤 결론을 내든지 자유로운 이과, 절차에는 그다지 얽매이지 않지만 결과나 결론을 내는 방식은 상당히 부자유스러운 문과와 같은 차이가 실제로 존재한다.

그렇다면 자칭 문과인 여러분도 자신의 사고를 조금이라도 엄밀하게 다진다면 그만큼 사고의 과정이나 결론에도 자신감을 가질 수 있다. 그렇게 되면 이제까지 경직되었던 틀을 버리고 당당하게 자유로운 발상을 표현하는 것도 가능하지 않을까?

실제로 이과생이 가끔 '분위기 파악을 못하네'라는 생각이 들 만큼 강하게 발언하는 것은 이처럼 엄밀한 사고를 따름으로써 생기는, 본인의 결론에 대한 자신감의 발현이다. 여러분도 나름대로 뭔가 보고 들은 것이 있으며 그것이 선입견에 불과할 때도 적지 않지만, '과연!', '확실히 그렇다'라고 감탄했던 일 또한 적잖이 있을 것이다.

문과와 이과라는 묘한 의식의 벽을 버린다면 이과생에게 배울 점은 아직 많이 남아 있다.

이과를 이해하기 위한 기초 체력 다지기

: 논리력을 습득한다

2장

직장에서 활용하는
과학적 방법론

이번 장에서는 1장에서 이야기했던 과학적 사고와 논리에 관해 조금 더 깊이 파고들어가 기초를 완벽하게 이해하고 습득하고자 한다.

'PDCA 주기'라는 개념이 있다. 비즈니스 잡지 등에서 흔히 다루는 주제인 만큼 대부분 잘 알겠지만, 다시 확인하자면 생산 관리나 품질 관리 등을 위한 방법론 중 하나다. 미국에서 제2차 세계대전이 종료되고 곧이어 퍼진 개념으로, 명칭은 주기를 구성하는 다음 네 가지 단계의 알파벳 앞 글자에서 유래했다.

- Plan = 계획
- Do = 실행
- Check = 평가

• Act = 개선

생산력과 품질 향상을 위해 계획을 세워 실행하고 결과를 평가한다. 그 다음 계획대로 실행되지 않은 부분이 있다면 개선을 도모하고 그에 따라 다시 새로운 계획을 세워 다시 실행한다. 이런 식으로 진행되는 일련의 흐름이 바로 'PDCA 주기'다. 네 가지 단계를 꾸준하게 반복함으로써 생산성을 향상하는 것을 기본 개념으로 한다.

이 방식을 진즉에 도입한 기업이 적지 않으므로 이미 직장에서 PDCA를 사용하는 사람도 있을 것이고, 딱히 의식하지는 않더라도 실제로 대부분 이와 비슷한 형태로 업무를 진행할 것이다.

PDCA 주기는 사실 과학 연구의 방법론과 매우 유사하다. 물론 연구 분야에 따라 약간의 차이는 있을 것이다. 예를 들어 자연과학에는 관찰, 가설, 실험, 고찰이라는 단계가 있다. 뉴턴은 사과가 나무에서 떨어지는 현상을 관찰하고, 대지에 사물을 끌어당기는 힘이 있는 것은 아닐까 하는 가설을 떠올렸으며 가설을 검증하기 위해 다양한 낙하 실험을 수행한 다음, 실험 결과와 가설 사이에 오차가 있다면 이유를 고찰하는 식으로 연구를 진행했다.

다만 과학 연구는 PDCA처럼 매번 주기가 깔끔하게 돌아가는 것은 아니다. 관찰을 생략하고 가설과 실험만 반복될 때가 있는가 하면, 실험을 생략하고 관찰이 중심이 되는 주기도 있다. 하지만 PDCA 주기와 매우 유사한 사고 과정이라는 점은 이해할 수 있다.

원래 순서로는 오히려 과학적 사고법을 비즈니스에 접목한 것이 PDCA라고 해야 정확할지도 모르겠지만, 결국 과학적 사고란 직장인에게도 딱히 멀리 있는 세계의 어려운 이야기는 아니다.

오늘의 정설이
내일의 오류가 된다

PDCA라는 네 가지 단계 중에 가장 핵심은 바로 평가(Check)다. 계획과 실행 결과를 평가함으로써 해당 업무와 관련된 사람들에게 객관적인 판단 자료를 제공할 수 있기 때문이다.

과학적인 순서상으로는 관찰이나 실험을 통한 검증이 여기에 해당한다. '○○는 ××다'라는 가설을 주장하는 것 자체는 간단하지만, 가설을 검증함으로써 남들이 이해할 수 있게 하지 못한다면 과학적 성과로 인정받을 수 없으므로 매우 중요하다.

"당연한 말이잖아요!" 하는 목소리가 들려오는 것 같다. 하지만 자연현상을 신의 계시로 여기는 왕이나 교주 같은 권위자의 말이 사람들에게 그대로 먹혀들었던 것을 생각해보자. 이는 아주 오래전 일이 아니다.

일본에서는 메이지 유신으로 근대 과학이 도입되기 이전인 불과 150년 정도 전까지만 해도 번개를 방전 현상이 아닌 뇌신의 노여움이라고 여겼고, 지진도 지각판끼리의 충돌이 아닌 땅속 깊은 곳에 사는 대형 메기의 소행이라고 믿었다.

서양에서도 르네상스기 이전에 마녀사냥 같은 일이 벌어졌다는 점에서 알 수 있듯이, 고대나 중세의 과학은 근거 없는 미신에 지배당했다. 이런 미신에서 자연현상을 해방시킨 사람이 17세기의 갈릴레오나 뉴턴 같은 인물들이다. 과학의 근대화는 그들이 관찰이라는 수단을 통해 자연현상을 정면에서 마주하고 객관적인 절차에 따라 실험과 수학을 사용해 논증함으로써 초래되었다.

현대인의 관점에서 보면 근대 과학자들에게도 초자연적 사고가 엿보이는 면은 있다. 그러나 인간이 동시대의 종교관이나 사회 관행에 영향을 받는 것은 어쩌면 당연하다. 그런 점을 고려해도 그들의 공적은 관찰과 실험이라는 검증의 수단을 우리 인류에게 가져다주었다는 데 있다. 검증을 통해 우리는 갈릴레오나 뉴턴의 잘못조차 바로잡을 수 있게 되었고, 상대성 이론이나 소립자론에도 다다를 수 있었다.

PDCA와 마찬가지로 과학 연구 또한 항상 수정을 거듭하는 일종의 주기다. 따라서 위대한 과학적 발견이나 발명이라고 여겨지는 것도 사실은 그저 가설에 불과하다. 가설은 항상 검증되며 대부분 새로운 가설 때문에 부정될 운명에 처해 있다. 가설이 제시되고 그것이 검증되어 만약 당대의 정설로 널리 인정된다 해도, 다음 시대에는 그것을 부정하는 새로운 가설이 제시되고 또 그것이 검증되어 새로운 정설이 되는 식의 일이 반복된다.

　현대에 정설이라고 여겨지는 것도 내일 눈을 뜨면 잘못으로 바뀔지도 모른다. 이것이 바로 과학이며, 이런 과학을 뒷받침하는 것이 과학적 사고다.

논리가
기본이다

　과학적 사고의 기초가 되는 것은 '논리'다. 고대 그리스의 철학자 아리스토텔레스는 애초에 인간의 사고 밑바탕에 놓여 있는 것을 논리로 최초로 인식하고 인간이 논의할 때의 양식(패턴)으로 이를 심도 있게 고찰했다.

　아리스토텔레스는 참인지 거짓인지가 반드시 결정되는 문장을 가리켜 '명제'라 부르고, 명제를 기반으로 하면 삼단논법을 비롯해 다양한 형식으로 이치에 맞는 논의가 가능하다는 점을 보여주었다.

　이때부터 철학적 사색을 위한 방법론으로써 논리 자체를 심도 있게 탐구하게 되었고, 철학의 한 분야로서 논리학이 발전했다. 1장에서 서양에서는 모든 학문의 뿌리가 철학에 있다고 간주한다고 이야기했는데, 그 때문에 서양 지식인은 문과와 이과라는 구분과 관계없이 사람들 대부분이 논리적 사고를 갖추고 있다.

하지만 우리는 이런 부분에 대한 의식이 결정적으로 결여되어 있다. 지식인층조차, 특히 문과라고 여겨지는 사람들일수록 더더욱 그렇다. 그 때문에 모처럼 전문적이고 구체적인 사례에는 매우 해박한 사람이라도 전문 분야에서 약간 벗어난 추상적 논의로 나가면 완전히 약해질 때가 많다.

과학적 사고의 근본에 있는 것이 논리이며 논리의 흐름에 따라 바르게 사고하는 것이 대원칙이라는 점을 확인했다면, 우선 단어를 바르게 사용하는 데서부터 시작해보자.

흔히 '논리'와 혼동해서 쓰는 단어가 '이론'이다. 양쪽이 불가분하게 엮여 있다 보니 일상적으로 그다지 구별하지 않고 사용하는 사람이 적지 않다.

논리는 영어로 로직(logic)이며 '이성'을 의미하는 그리스어인 로고스(logos)가 어원이다. 이론은 영어로 띠어리(theory)이며 '보는 것'을 의미하는 라틴어 테오리아(theoria)가 어원이다. 물론 양쪽의 의미는 전혀 다르다.

알다시피 이론은 어떤 주장이나 의견, 추측을 뜻한다. 따라서 경제 구조가 어떻다고 추측(가설)하여 주장(설명)하는 것은 경제 이론이고, 소립자의 작용을 추측하여 구조를 주장하는 것은 소립자 이론이 된다.

여기서 중요한 것은 '이(理)'론인 이상 그 주장은 멋대로 선입견이 아니라 남에게도 받아들여질 수 있는 근거 있는 이성적 사고가 바탕이 되어야 한다는 점이다. 계속 강조해서 약간 지루할지도 모르겠지만 이성적 사고, 즉 과학적 사고를 뒷받침하고 담보하는 것이 바로 논리다. 논리와 이론은 '논리를 사용해 이론을 구축'하는 관계에 있다.

예를 들어 경제학자라면 일본에서 디플레이션이 좀처럼 종식되지 않는 이유를 밝히고자 독창성 있는 착상이나 분석을 통해 새로운 이론을 수립하고 싶을 것이다. 하지만 경제학 역시 사회과학이라는 과학의 한 분야이기 때문에 새로운 이론은 반드시 논리를 통해 구축되어야 한다. 따라서 독창적이라고 해도 논리성이 결여된, 설득력 없는 제멋대로의 구실이나 추측만 있고 통계 숫자 같은 근거가 없거나 정당한 분석이 없다면 "당신의 이론은 논리성이 결여되어 있고 빈틈투성이군요"라며 다른 전문가에게 추궁당할 것이다. 논문이나 연구 성과도 빛을 보지 못하리라는 점은 두말할 필요도 없다.

반대로 논문 발표를 하는 자리가 아니고 올바른 결론보다는 즐거운 분위기를 우선시하는 쑥덕공론식의 자리라면 논리가 없어도 상관없다. 그러나 과학적 이론을 수립할 때뿐만 아니라 신제품의 판매 방침을 논의할 때라도 최우선으로 '올바른 결론'을 구하기 위한 자리라면 역시 논리가 필요하다.

숫자를 매개로
논리를 표현하는 이진법

다만 논리가 다루기 어렵고 까다로운 면이 많다는 점은 분명하다.

논리의 근본이라 여겨지는 '명제'라는 단어도 평소 생활에서는 사용하지 않는 표현이고, 논리나 이론과 마찬가지로 뜻을 오해하기 쉬운 용어이므로 주의해야 한다. 사실 명제가 아닌 것을 명제라 부르는 사람이 많다.

예를 들어 '지금 Y 시(市)에는 비가 내린다'는 문장은 명제다. 실제로 Y 시에 비가 내린다면 명제는 참이고 그렇지 않다면 거짓이다. 이 문장은 반드시 참·거짓이 정해지기 때문에 확실한 명제다. 하지만 '내일 Y 시에는 비가 내립니까?' 같은 의문문은 참·거짓이 정해지는 문장이 아니므로 명제가 아니다.

'이번 분기 매출 10퍼센트 증가는 지상 명제다' 같은 표현을 쓰는 사람이 자주 있다. 하지만 10퍼센트 증가는 그저 목표나 희망을 이야기한 것일 뿐 현시점에서는 이번 분기 매출이 10퍼센트 증가할지에 대한 참·거짓이 정해지지 않기 때문에 애초에 이 문장은 명제가 아니다. 아마 말한 본인 입장에서는 '지상(至上) 명령' 혹은 '최우선 과제'라는 의미로 말한 표현이었겠지만, 일상 대화라 해도 단어의 오용이니 주의하자.

명제는 영어로 프로포지션(proposition)이다. 일반적으로 '사업이나 계획의 제안'이라는 의미로 사용된다. 결혼 신청을 '프러포즈한다'고 하는데, 명사형이 바로 프로포지션이다. 다만 진지하게 프러포즈한다면 상관없겠지만, 명사형을 써서 '여자 친구에게 프로포지션을 했다'고 하면 같이 자기를 제안했다는 미묘한 의미가 되어버리므로 모쪼록 주의하기 바란다.

미안하다. 이야기가 옆길로 샜으니 원래 주제로 돌아와야겠다.

'명제란 참·거짓이 정해지는 문장이다'라는 부분까지는 문제없이 이해했을 것이다. 그런데 사실 '참과 거짓'이 컴퓨터 내부에서 사용되는 '1과 0'을 뜻한다고 한다면 조금 의외일 수도 있겠다.

컴퓨터 내부에서 모든 계산이 0과 1의 이진법으로 이루어진다는 점은 잘 알고 있을 것이다. 역사적으로 보면 애초에 컴퓨터 개발의 배경에는 바로 논리학의 참·거짓이라는 개념이 있었다. '1이냐 0이냐'와 '참이냐 거짓이냐'라니 너무 추상적이라 질릴지도 모르겠다. 하지만 컴퓨터와 논리 모두 이처럼 본질적이고 단순한 형태로 대응하기 때문에 다양한 사안에도 범용성을 가질 수 있다. 컴퓨터야말로 논리의 참·거짓에 대응하기 위해 생겨난, 그야말로 수학과 과학의 산물이다.

컴퓨터 안의 전자회로는 전압이 특정 값보다 높으면 1, 낮으면 0으로 인식하는 방식으로 설계되어 있다. 참과 거짓, 1과 0, 전압의 높고 낮음에 우리는 각각 같은 의미를 부여한 셈이다.

즉 숫자를 매개로 논리를 표현할 수 있고, 숫자는 전자적 작용으로 표현할 수 있으며 전자적 작용으로 논리를 다룰 수 있게 되었다. 따라서 컴퓨터의 성능 향상은 복잡한 논리적 사고에 대응해서 과학적 성과를 만들어내는 데 지대하게 공헌할 수 있었다는 일련의 흐름이 있다.

숫자는 어떻게
논리와 이어지는가

1과 0이라는 숫자는 실제로 어떻게 논리와 이어질까?

수학적으로는 참과 거짓에 대응시킨 1과 0을 진릿값이라 부른다. 기본적으로 참을 1, 거짓을 0에 대응한 것을 정논리라 하고, 역으로 대응시킨 관계를 간단히 부논리라 부른다. 다만 이 책에서는 용어를 그다지 신경 쓰지 않아도 된다. 이후 내용은 정논리로 설명한다.

가령 다음과 같이 A라는 명제가 있다고 치자.

[명제 A] = Z 사의 매출은 증가했다.

명제가 맞아서 정말로 매출이 증가하는 이른바 증수증익(增收增益)기업(전년도 결산과 비교했을 때 매상과 이익 모두 증가한 기업을 말한다. 여기서 증익이라 함은 통상적으로 세전이익을 말한다. —옮긴이)이라면 참이기 때문에 진릿값은 1이다. 알아보니 매출이 감소하거나 정체되어 있다면 거짓이기 때문에 진릿값은 0이다. 이 내용은 이해할 수 있을 것이다.

그렇다면 다음에는 명제의 부정을 생각해보자. 명제 A를 부정하면 'Z 사의 매출은 증가하지 않았다'가 된다. 당연하지만 명제 A와는 내용이 반대이기 때문에 참·거짓과 진릿값 역시 반대다. 역시 간단하다.

다음으로 두 가지 명제를 조합해보자. 앞에 나온 명제 A에 다음 명제 B를 더한다.

[명제 B] = Z 사의 이익은 증가했다.

여기서 명제 A '그리고' 명제 B가 참이 될 때는 언제일까?

말할 것도 없이 '그리고'는 양쪽의 명제를 충족한다는 의미다. 두 가지 명제의 참·거짓을 조합했을 때 나올 수 있는 패턴은 '이진법의 두 자릿수=2의 2제곱'이 되니 네 가지다. 진릿값을 표로 나타낸 것을 진리표라 부른다. 다음 ①의 진리표를 보면 알 수 있듯이 두 가지 명제를 '그리고'로 연결하면 양쪽 명제 모두 참이었을 때만 'A 그리고 B'가 참이 되고, 나머지 세 경우는 거짓이 된다.

① 명제 A '그리고' 명제 B의 진리표

A	B	A∧B
1	1	1
1	0	0
0	1	0
0	0	0

(∧는 '그리고'의 논리 기호)

<예> 명제 A: Z 사의 매출은 증가했다.

명제 B: Z 사의 이익은 증가했다.

A×B = A∧B [논리곱]

② 명제 A '또는' 명제 B의 진리표

A	B	A∨B
1	1	1
1	0	1
0	1	1
0	0	0

(∨는 '또는'의 논리 기호)

<예> Z 사는 매출 또는 이익이 증가했다.

A+B = A∨B [논리합]

매출이 증가하고 게다가 이익도 증가한다면 참이기 때문에 증수 증익기업이라고 할 수 있다. 부러운 회사가 아닐 수 없다.

썩 내키지 않지만 매출이 증가해도 이익은 증가하지 않는다든지, 이익은 증가해도 매출이 증가하지 않았다면 증수증익이 아니다. 하물며 매출도 이익도 증가하지 않는다면 이야기가 성립되지 않으므로 세 가지 조합은 거짓이다.

이번에는 명제 A '또는' 명제 B의 경우를 생각해보자. 역시 패턴은 네 가지로 앞서 나온 ②가 이때의 진리표다. 매출이든 이익이든 어느 한쪽만 증가했다면 참이므로 이번에는 앞과는 반대로 양쪽 모두 거짓일 때만 'A 또는 B'도 거짓이다.

이처럼 명제의 참·거짓을 진릿값(=숫자)으로 치환함으로써 명제의 조합을 계산할 수 있었다. 이를 논리연산이라 부른다. 명제를 '그리고'로 연결한 것을 '논리곱', 명제를 '또는'으로 연결한 것을 '논리합'이라고 한다.

용어가 연이어 등장해 미안하지만 '왜 곱이지?', '왜 합이야?', '애초에 계산 따위 없었는데?'라고 생각하는 사람도 많을 것이다. 그렇다면 ①의 진리표를 잘 살펴보기 바란다. A와 B 각각의 진릿값을 곱하면 'A 그리고 B'의 진릿값과 일치한다는 사실을 알 수 있다.

마찬가지로 ②에서 A와 B의 진릿값을 더하면 역시 'A 또는 B'의 진릿값과 일치한다. '2가 될 때도 있어요!'라고 생각할 수도 있겠지만 여기서는 참과 거짓만이 문제다. '0이냐 1이냐'는 이진법의 첫 번째 자릿수만을 따지는 것이라서 1 이상이면 모두 1로 취급한다.

검색만 해도
집합 개념에 능숙해진다

이런 이야기를 접하면 아마 떠오르는 내용이 있을 것이다.

"그러고 보니 '그리고'라든지 '또는'은 중학교와 고등학교 수학 시간에 '집합' 단원에서 배웠구나!" 하고 말이다.

사실 이런 논리연산에 관한 수학은 '부울 대수'라고 해서 19세기 영국의 철학자이자 수학자이기도 했던 조지 부울이라는 인물이 시작했다. 논리를 연산한다는 발상에 기반이 된 개념이 그때까지 수학의 진보로 축적되었던 '집합론'이다.

따라서 집합과 논리연산이 비슷한 것도 당연하다면 당연하다. 양쪽의 이론과 법칙은 놀라울 정도로 일치하는데, 그래서인지 기호만 보더라도 '그리고'가 집합에서는 '∩'인데 논리연산에서는 '∧'이고, '또는'이 집합에서는 '∪'인데 논리연산에서는 '∨'으로 비슷하다.

집합을 배울 때 다음 ③과 같은 그림을 사용했던 기억이 있을 것이다. 이 그림은 '벤 다이어그램'이라고 불리는데, 19세기부터 20세기에 걸쳐 영국에서 활약했던 존 벤이라는 논리학자 겸 수학자가 집합론을 탐구하기 위해 고안한 것이다. 벤 다이어그램도 논리연산을 시각화하여 고찰할 때 그대로 활용할 수 있다. 이처럼 부울 대수나 벤 다이어그램 등을 통해 19세기부터 논리를 연산한다는 개념이 발달했으며, 그 것이 20세기 들어 컴퓨터로서 꽃피게 된 것이다.

③ 벤 다이어그램의 예

※색칠된 부분이 진릿값 1, 흰 부분이 0의 범위

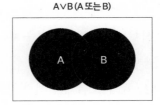

(￢는 '부정'의 논리 기호)

아무래도 수학 수업이 되어버린 듯하다. 중학교와 고등학교에서 집합을 배울 때 나왔던 '그리고'라든지 '또는'이라는 단어 때문에 머리가 혼란스러울 것이다. '그리고'와 '또는' 같은 단어는 일상적으로 사용하지만, 집합에서는 용법이 일상어와 미묘하게 달라졌다. 느닷없이 벤 다이어그램을 그려가며 'A 그리고 B'라든지 'A 또는 B'라는 설명이 나오니 '그게 무슨 도움이 된다고! 정말 쓸모없는 시간 낭비였어!'라고 생각하는 사람도 있을 것이다. 하지만 실제로는 사람들 대부분이 지금도 집합이라는 개념을 평소에 사용하고 있다.

이렇게 말하면 지금까지 이야기를 통해 눈치 챈 사람도 많을 것이다. 참과 거짓, 1과 0에 대응함으로써 논리를 연산할 수 있기 때문에 당연히 논리연산의 기초가 된 집합도 컴퓨터로 다룰 수 있다. 실제로 검색 사이트에서 정보를 찾을 때 여러분은 집합이라는 개념을 제대로 잘 사용한다.

예를 들어 '오늘 명동에서 영화나 볼까?'라고 생각했다면 검색창에 '명동 AND 영화관' 같은 식으로 입력할 것이다. 인터넷상에 있는 방대한 정보의 집합에서 '명동'과 관련 있는 정보를 가진 사이트를 골라내고, 그중에 '영화관'과 관련 있는 정보를 가진 사이트만으로 범위를 좁히는 식이다. 이것이 집합의 'A 그리고 B'라는 점은 두말할 나위도 없다. 보통 검색창에 '명동 영화관'처럼 단어만 나열해서 입력하는데, 단어 사이의 공백을 'AND'와 똑같이 인식하게끔 자동 처리되고 있을 뿐 의미는 같다.

논리어와 일상어의
차이를 안다

마찬가지로 'A 또는 B'는 'A OR B'로 치환할 수 있다. 'OR' 역시 데이터베이스 소프트웨어 등에서 자주 사용된다.

예를 들어 만일 여러분이 도서관에서 책을 찾을 때 갈릴레오의 생애에 흥미가 있다면 비치된 장서 검색용 컴퓨터에 '갈릴레오'라고 입력할 것이다. 그런데 '잠깐, 이 도서관은 어린이용 책도 많겠지. 그보다는 제대로 된 내용이라면 뉴턴에 관한 책이라도 괜찮아'라고 생각했다면 이어서 'OR 뉴턴'이라고 입력할 것이다.

이렇게 '갈릴레오 OR 뉴턴'을 검색한 결과 리스트에는 갈릴레오에 관한 책과 뉴턴에 관한 책, 그리고 갈릴레오와 뉴턴 양쪽에 관한 책의 이름이 나열되고 여러분은 표시된 리스트를 잘 살펴본 후에 빌릴 책을 고를 수 있다.

그런데 잠깐 따져볼 것이 있다. 우리가 일상적으로 'A OR B'라고 말할 때는 'A 또는 B 중 어느 한쪽'을 가리키지 않았던가?

카페에서 샌드위치 등 세트 메뉴를 보면 보통 '식후 음료를 골라주세요: 커피 OR 홍차' 같은 식으로 적혀 있다. 그런데 만약 종업원에게 "커피랑 홍차 둘 다 주세요" 하고 주문한다면 '이 사람 무슨 소릴 하는 거야?'라고 말하는 듯한 어이없는 표정이 돌아올 것이다.

우리말의 '또는'이든 영어의 'OR'이든, 논리어와 일상어가 가리키는 범위가 다른 것이 혼란의 원인이다. 수학에서 집합을 공부할 때 많은 사람이 제일 먼저 좌절하는 부분도 이 대목이다. 뒤에 나올 ④의 두 가지 벤 다이어그램을 보면 일목요연하게 알 수 있는데, 이 두 가지를 구분해서 사용하는 것이 중요하다.

• 왼쪽 벤 다이어그램: '어느 한쪽'을 의미하는 '일상어'에서 '또는' 혹은 'OR'
• 오른쪽 벤 다이어그램: '어느 한쪽+양쪽'을 의미하는 '논리어'에서 '또는' 혹은 'OR'

논리적 관점에서는 일상어 쪽을 'Exclusive OR'이라고 해서 오히려 특별 취급하여 논리어의 'OR'과 구별한다. 참고로 'Exclusive OR'도 논리연산할 수 있고 우리말로는 '배타적 논리합'이라고 하는데, 'OR'과 구분하여 보통 'EOR' 혹은 'XOR'이라고 약기한다.

A, B 모두 진릿값이 1일 때 'A OR B'의 진릿값은 1이었지만, 'A

XOR B'에서는 진릿값이 0이 된다는 점이 다르다.

그리고 부정(NOT), 논리합(OR), 논리곱(AND)처럼 실제로 이렇게 논리를 연산하는 것을 '논리회로'라 부른다. 부정과 합 또는 곱을 조합시킨 'NOR(NOT OR의 약자. 부정논리합)'이나 'NAND(NOT AND의 약자. 부정논리곱)'라는 논리회로도 있다(다음 ⑤ 참조).

느닷없이 회로가 나와 또 당황스러울 수도 있겠는데, 예를 들어 'OR 회로'나 'AND 회로'의 경우 다음 ⑥처럼 구성되어 있다고 하면 어떤 느낌인지 파악할 수 있다.

④ 두 가지 OR의 사용 구분

일상어의 OR·또는

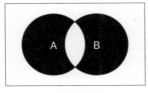

(Exculsive OR)

논리어의 OR·또는

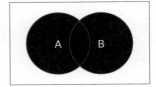

⑤ NOR과 NAND

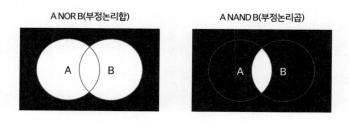

A NOR B(부정논리합)   A NAND B(부정논리곱)

⑥ OR 회로와 AND 회로 그림

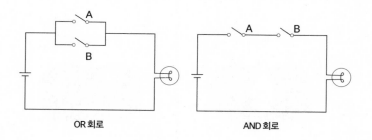

OR 회로   AND 회로

　실제로 트랜지스터 등 반도체가 똑같은 작용을 하게끔 설계되어
있다. 이와 같은 회로를 더욱 대량으로 조합하고 반도체 부품의 극소
화를 도모한 것이 이른바 집적회로(IC, Integrated Circuit)다. 컴퓨터는
집적회로를 중심으로 복잡한 논리를 계산한다.
　지금까지 살펴본 내용이 어땠는지 궁금하다.

여러분이 실제로 논리연산을 자유자재로 할 수 있는지는 별개 문제로 하고, 논리연산의 기본적 구조가 매우 단순하다는 사실을 알 수 있지 않았는가? 조금 복잡한 구석은 있어도 '완전히 외계어 같다!'라고 느낀 사람은 아마 없을 것이다.

아마 중학교와 고등학교 무렵에 집합이 잘 이해되지 않았던 괴로운 기억이 있는 사람도 사실 대충은 이해했었을 것이라고 본다.

다만 집합의 규칙이나 명제의 취급은 논리에서 조금만 벗어나도 의미가 성립하지 않는다. 약간의 오해로 정반대의 답이 나오니 전혀 모르는 것과 마찬가지일 뿐이다. 이는 1장의 프로그래밍을 이야기한 부분에서 해설했던 대로다. 따라서 논리에 따라 기능하는 컴퓨터는 약간의 버그만 있어도 먹통이 되어버린다. 이것이 논리의 까다로운 부분이다.

논리 전개를
풍성하게 만드는 조건식

그렇다면 이번에는 명제 A '이면' 명제 B라는 형식으로 된 명제의 조합을 생각해보고자 한다. 중학교와 고등학교에서 배우는 증명의 기초에서도 '××이면 ○○'는 익숙한 형태인데, 보다시피 명제 A가 가정이고 명제 B가 결론인 조건문 형태다. 논리의 세계에서는 이를 '조건식'이라고 하는데, 사실은 조건식도 논리연산이 가능하다.

두 가지 명제의 조합이니 역시 패턴은 네 가지가 나온다. 진릿값은 뒤에 나오는 ⑦처럼 되는데 약간 의아한 점이 있을 것이다.

"아래 두 가지는 가정인 A가 애초에 거짓인데, 'A이면 B'가 참이 되다니 이상하잖아?" 하고 말이다. 하지만 잘 생각해보면 이상하지도 않다.

예를 들어 다음과 같은 명제가 있다.

[명제 A] = 서울에 산다.

[명제 B] = 한국에 산다.

A가 거짓인 경우(=서울에 살지 않는 경우)라도 B가 참이면 조건식은 성립한다(예를 들어 부산에 사는 등). B도 거짓, 즉 한국에 살지 않는다고 해도 역시 조건식은 성립한다(예를 들어 미국의 워싱턴에 사는 등). 진릿값만 놓고 본다면 일상적 느낌에서 약간 벗어날 수 있는데, 애초에 전제인 명제 A(가정)가 바르지 않다면 명제 B(결론)는 어떻든지 간에 조건식은 바르게 된다(참이다)는 것이 논리다.

조건식을 '함의(含意)'라고도 한다. 다음 ⑦의 벤 다이어그램을 보면 명제가 참일 때 A가 B에 항상 포함[含]되는 형태를 취하므로 의미가 이해될 것이다.

'A이면 B'라는 조건식이 참일 때 B는 A의 '필요조건', A를 B의 '충분조건'이라고 한다(다음 ⑧ 참조). 필요조건과 충분조건은 비즈니스 현장에서도 사용되는 표현인데, 조건식을 기반으로 몇 가지 법칙을 사용하면 더욱 다양한 논리 전개가 가능하다.

⑦ 조건식의 진리표와 벤 다이어그램

<예> 명제 A: 서울에 산다.

명제 B: 한국에 산다.

A	B	A→B
1	1	1
1	0	0
0	1	1
0	0	1

(→는 '~이면'의 논리 기호)

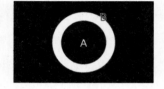

⑧ 조건식의 핵심 (※A→B가 참인 경우)

• 명제 B는 명제 A의 필요조건

  예: 한국에 사는 것은 서울에 사는 것의 필요조건

• 명제 A는 명제 B의 충분조건

  예: 서울에 사는 것은 한국에 사는 것의 충분조건

예를 들어 'A이면 B'라는 조건식에 대해 A와 B를 바꾼 조건식을 '역(逆)'이라 부른다. 원래 조건식인 'A이면 B'가 참일 때 'B이면 A'처럼 역을 취해도 참이면 이를 '필요충분조건'이라고 한다.

구체적인 명제문으로 확인해보자.

[명제 A] = 한국인이다.

[명제 B] = 한국 국적을 갖고 있다.

'한국인이면 한국 국적을 갖고 있다'는 참이고, 역인 '한국 국적을 갖고 있으면 한국인이다'도 참이다. 이때 A와 B는 서로 필요충분조건이며 '동치(同値)'라고도 한다.

동치란 명제문에서 '같은 의미'라는 뜻이다. 애초에 한국 국적을 갖는 사람을 한국인이라 부르기 때문에 틀림없이 명제 A와 명제 B는 동치다. '2×3'과 '1+5'가 표기는 달라도 값은 6으로 동치인 것과 다를 바 없다. 따라서 반대로 생각했을 때, 어떤 조건식에서 진릿값을 연산했는데 만약 결과가 동치였다면 '명제 A와 명제 B는 같은 것을 말하는 거였구나!' 하고 알아차릴 수 있다. 다만 앞의 예제에서는 A와 B가 필요충분조건을 만족하면서 동치였기 때문에 역이 성립한 것이지, 역이 항상 성립하는 것은 아니다. 이를 가리켜 평상시에도 '역이 반드시 참은 아니다'라고 교훈적으로 말하기도 한다.

역에 관한 설명은 이쯤에서 정리하고, 다음에는 '이(裏)'에 대한 조건식을 살펴보자. 명제가 'A이면 B'일 때 'A가 아니면 B도 아니다'를 '이'라고 한다.

앞서 사용했던 '서울에 살면 한국에 산다'는 예로 들면 '서울에 살지 않으면 한국에 사는 것도 아니다'가 '이'다. 서울에 살지 않지 않더라도 부산에 사는 사람이나 광주에 사는 사람처럼 거짓인 예가 금방 떠오르기 때문에 물론 '이도 반드시 참은 아니다'라는 점을 알 수 있다.

그런데 원래 명제가 참이면 '대우(對偶)'는 반드시 참이 된다. 다음 ⑨처럼 대각선상에 있는 것이 서로 대우인 관계다.

⑨ 역, 이, 대우의 상호 관계

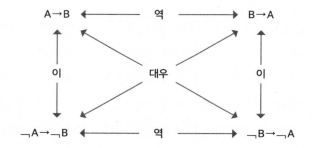

⑩ 드모르간의 법칙

$$\text{I} : \neg(A \lor B) = \neg A \land \neg B$$

$$\text{II} : \neg(A \land B) = \neg A \lor \neg B$$

I

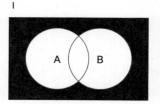

II

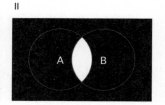

명제문 '서울에 살면 한국에 산다'는 참이므로 대우인 '한국에 살지 않으면 서울에 살지 않는다'도 과연 확실히 참이다.

이렇게 집합에 관련된 법칙 중에 여러분이 학교에서 마지막에 배운 내용이 '드모르간의 법칙(앞에 나온 ⑩ 참조)'이다. 기억이 나는가? 'A 또는 B, 가 아니다'가 참이면 'A가 아니고, 그리고 B가 아니다'도 동치라는 법칙이다.

지극히 단순한 예를 들어보자.

[명제 A] = 라면을 좋아한다.
[명제 B] = 카레를 좋아한다.

이때 '라면을 좋아하고 또는 카레를 좋아한다, 가 아니다'가 참이면 '라면을 좋아하지 않고, 그리고 카레를 좋아하지도 않는다'가 동치가 된다는 뜻이다.

과연 양쪽 모두 실질적으로 '라면도 카레도 좋아하지 않는다'고 말하기 때문에 동치인데, 사실 'A NOR B'와도 같은 형태를 취한다(앞에 나온 ⑩-Ⅰ의 벤 다이어그램과 ⑤의 부정논리합 벤 다이어그램 참조).

드모르간의 법칙에는 두 가지 수식이 있는데, 나머지 하나는 'A 그리고 B, 가 아니다'가 참일 때 'A가 아니고, 또는 B도 아니다' 역시 동치라는 수식이다.

즉 '라면을 좋아하고 그리고 카레를 좋아한다, 가 아니다'와 '라면을 좋아하지 않고, 또는 카레를 좋아하지 않는다'가 동치라는 뜻이다.

이번에는 양쪽 모두 실질적으로 '양쪽 모두 좋아한다, 라는 것은 아니다'라고 말하기 때문에 역시 동치임을 이해할 수 있다. 논리연산 상으로는 'A NAND B'가 된다(앞서 나온 ⑩-Ⅱ의 벤 다이어그램과 ⑤의 부정논리곱 벤 다이어그램 참조).

이처럼 논리를 사용하면 사실 똑같은 말을 교묘하게 어렵게 말하는 것이 가능한가 하면, 반대로 착오 없이 사안을 매우 단순하게 다시 파악하는 것도 가능하다. 똑같은 말을 하는 것처럼 보이지만, 실은 전혀 다른 말을 하는 속임수적인 언사도 앞서 소개한 법칙을 통해 간파할 수 있다.

직접 예문을 만들어 다양하게 연습해보기 바란다. '과연 그렇구나!' 싶을 정도로 명제가 정확히 법칙에 따라 대응했다는 사실을 알 수 있다.

과학적 사고법이란 올바른 추론 방법이다

　슬슬 논리연산에 피로감이 쌓이고 싫증이 나 있을 것 같으니 이번에는 화제를 바꿔 논리를 어떻게 사용해야 할지에 관해서 이야기해보고자 한다.

　기본적으로 과학적 사고에 따라 얻은 이론이라도 내일은 부정될 수 있는 가설에 불과하다는 점은 이미 충분히 설명했다. 즉 이론이란 절대적 진리가 아닌 '추론'이다.

　따라서 과학적 사고법이란 '올바른 추론 방법'이다. 추론이기 때문에 바탕에는 가능한 한 확실한 근거가 필요하며, 거기서부터 엄격하게 논리를 쌓아가지 않으면 진리에 다가가기 위한 좋은 가설도 얻을 수 없다는 점을 이해할 수 있다.

　실제로 자연과학뿐 아니라 다른 과학 분야에서도 정설로 여겨지던 대이론이 뒤집혔을 때는 해당 이론의 근본이 되는 근거가 '사실은 틀린 것이었다!'라고 밝혀질 때가 대부분이다.

프로 요리사가 식칼에 손가락을 베일 때가 거의 없는 것과 마찬가지로, 연구자도 프로이기 때문에 연구자들이 추론 방법 자체를 잘못하는 경우는 드물다. 하지만 각각 연구 분야에서 항상 근거로 여기는 정설이란 해당 분야의 '상식'이므로 연구자도 무심결에 선입견을 갖고 무의식적으로 절대시한다. 그렇기 때문에 선입견을 피하기 위해서라도 과학에서는 항상 사고의 상대화가 요구된다.

그런 의미에서 지겹도록 강조하지만, 사고와 추론의 바탕이 되는 근거는 매우 중요하다. 확실한 근거를 기반으로 거기서부터 서서히 사고를 거듭해가는 방법의 기초가 바로 여러분도 잘 아는 삼단논법이다.

알기 쉽게 예를 들어보면 다음과 같다.

[제1단 명제] = 모든 인간은 죽는다(대전제).

[제2단 명제] = 아리스토텔레스는 인간이다(소전제).

[제3단 명제] = 따라서 아리스토텔레스는 죽는다(결론).

구조적으로 보면 '모든 A는 B' → 'C는 A' → '따라서 C는 B'다. 여기서 특히 주목해야 할 대목은 제1단에서 '모든'이라고 단정하는 부분이다.

'모든'이라는 이른바 범용성을 사용해 대전제로 삼음으로써, 제2단에 등장하는 C라는 개별적인 구체적 사례를 소전제로, 제3단의 명제를 확실한 결론으로 만들 수 있었다.

예를 들어 '모든 인간'을 '어떤 인간'이라고 바꿔 말한다면 '어떤 인간'에 '아리스토텔레스'가 포함될지를 알 수 없다. 따라서 이 삼단논법은 성립하지 않는다.

그러나 '모든'이라는 요건을 충족하면 어떤 때는 A의 범위를 좁히거나 늘리는 것이 가능하다. 위의 예로 말하자면 '인간'을 '철학자'라고 좁히거나 '생물'로 넓혀 바꿔서 말하더라도 이 삼단논법은 성립한다.

평소에 사고할 때 이런 범위를 어떻게 좁히거나 넓힐지는 그야말로 '센스'의 영역이다. 예를 들어 어떤 서비스의 대상을 '모든 고객'으로 할지 '모든 20대 여성 고객'으로 할지에 따라 거기서 도출되는 영업 전략은 달라지기 마련이다.

참고로 '모든 인간은 죽는다'라는 명제의 부정은 어떤 형태가 될까? '모든 인간은 죽지 않는다'라고 생각하는 사람이 많을지도 모르겠는데, 정답은 '어떤 인간은 죽지 않는다'다.

이 역시 논리를 배울 때 많은 사람이 오해하고 막히는 부분이다. 원래 명제의 부정을 도출할 때는 문법적으로 엄밀하게 올바른 부정문이 아니라 원래 명제가 어떤 경우에 성립하지 않는지를 논리적으로 따져볼 필요가 있다.

그렇게 봤을 때 '모든 인간은 죽는다'라는 명제는 죽지 않는 사람이 한 명이라도 있다면 명제가 성립하지 않으므로 거짓이 되고 만다. '모든 ××는 ○○다'라는 명제는 '어떤 ××는 ○○이 아니다'라는 형태로 부정할 수 있다.

모든 것에는
예외가 존재한다

알다시피 삼단논법처럼 확실한 근거를 바탕으로 사고를 거듭하는 것을 연역법이라고 하며, 연역법의 반대를 귀납법이라고 한다. 굳이 단순하게 말하자면 '××는 ○○다'라는 명제가 확실하게 참이 아니라, 참일 가능성이 통계적으로나 확률적으로 높다는 것을 근거로 삼는 사고 기법이다.

연역법은 근거만 참이라면 논리를 정확히 밟아감으로써 결론도 반드시 참이 된다. 반면 귀납법은 근거가 '확률적으로' 올바른 것일 뿐, 맞을 확률이 99퍼센트라도 나머지 1퍼센트 때문에 모처럼 구축한 추론은 무너질 수 있다. 하지만 현실에서 '절대로 확실한' 근거는 좀처럼 존재하지 않는다.

선거의 당선 예상을 떠올려보면 알 수 있듯이, 상당한 확률로 예상이 대체로 들어맞지만 '당선 확실'이라고 언급되던 후보가 낙선할 때도 있다. 이는 당선 예상이 투표권을 가진 사람 중 극히 일부를 대상으로 한 출구 조사에 근거를 두었기 때문이다. 만약 당선 예상(추론)을 완전히 확실하게 하고 싶다면 모든 유권자에 대해 이른바 전수조사라도 해야 한다. 아무리 그렇다고 하더라도 그런 수고를 들일 수도 없거니와, 모든 사람이 솔직하게 조사에 응해준다는 보장도 없다.

과학적 연구도 마찬가지다. 실험 방법을 궁리해서 확률적으로 어떤 이론의 정확도를 더 높이는 것은 가능해도, 귀납법에 의한 이론은 어디까지나 '예외'로 인해 무너질 가능성을 부정할 수 없다.

하지만 현실에서는 대부분 귀납법에 의지할 수밖에 없다. 그렇다면 본인이 귀납법을 통해 추론할 때는 그것이 절대적이지 않다는 점을 확실히 이해하고 인식한 다음에 사고하는 것이 중요하다.

앞서 예로 든 삼단논법인 '모든 인간은 죽는다'만 놓고 보더라도, 생물학적으로 죽음의 메커니즘이 절대 확실하다는 점을 증명하기가 쉽지 않은 데다, 지금까지 모든 인간의 죽음이 확인된 것도 아니다.

따라서 사실은 '여태까지 죽지 않은 인간은 발견되지 않았다. 따라서 매우 높은 확률로 모든 인간은 죽는다'라는 귀납법에 의한 추론에 불과하다. 논리적으로 따지면 앞서 소개한 '어떤 인간은 죽지 않는다'에 해당하는 사례가 하나라도 발견된다면, 일반적으로 진리라고 여겨졌던 죽음의 필연성에 관해서조차 명제의 진위가 뒤집혀버린다.

만사를 의심하기 시작하면 끝이 없으므로 방금 사례는 극단적 이야기라고 생각해주기 바란다. 다만 사고와 추론의 근거는 항상 제대로 검토해야 한다는 점을 일러주고 싶었다.

예를 들어 철학자 데카르트가 저서 《방법서설》에서 "나는 생각한다, 고로 존재한다"고 말했던 것은, 추론의 전제를 철저하게 의심한 데카르트가 마지막으로 이것만큼은 확실하다고 결론지은 것이 '나는 지금 뭔가를 생각한다. 따라서 나는 확실히 존재한다'였기 때문이다.

매사를 그렇게까지 의심하고 생각하라고 말하지는 않겠다. 다만 항상 정당하고 정확도 높은 근거를 추구하고자 사고하는 마음가짐만큼은 잊지 말기 바란다.

감정의
지배 범위

지금까지 한참 동안 논리와 사고법 이야기를 함께 따라와준 독자 여러분에게 감사한다. 솔직히 말해 억지 이론 대잔치처럼 여겨져 질려버린 사람도 많지 않았나 싶다. '마치 미스터 스팍 같다' 하고 말이다.

반세기 정도 전에 〈우주 대작전〉이라는 텔레비전 프로그램이 있었다. 소년 시절 나는 매주 이 프로그램에 푹 빠져 지냈다. 〈스타트렉 비욘드〉가 2016년 가을에 영화로 개봉되었는데, 젊은 독자에게는 그 영화의 첫 번째 시리즈 격이라고 설명할 수 있겠다. 지구인과 다른 행성인이 공존하는 먼 미래에서 행성 연방을 지키는 우주선 엔터프라이즈호 승무원의 활약을 그린 걸작 SF 드라마다.

승무원을 인솔하는 사람은 경험이 풍부하며 인간미 넘치는 지구인인 커크 선장이다. 그리고 커크 선장의 판단에 대해 "그건 비합리적

입니다"라며 항상 딴죽을 걸고 반대하는 사람이 벌칸인과 지구인 사이에서 태어난 부선장 미스터 스팍이다. 스팍의 언행이 지나치게 엄격하고 논리적인지라 커크 선장과 다른 승무원은 "참 냉정한 친구다"라며 종종 반발하곤 한다. 논리적인 것이 벌칸 행성인의 기질인 데다 미스터 스팍이 과학 주임을 겸임하다 보니 논리적 인물이 아니면 곤란했겠지만, 도가 너무 지나쳐 주변 사람의 감정을 건들고 만다.

다만 그런 스팍도 가끔은 논리를 무시하고 비논리적이고 인간적인 행동을 우선한다. 그럴 때면 커크 선장들뿐 아니라 텔레비전을 보는 나도 한시름 놓고 스팍 부선장의 새로운 면을 다시 보곤 했다.

이처럼 인정이나 감정이 중요하다는 점은 두말할 필요도 없다. 하지만 인공지능에 의해 새로운 혁신이 도래하려는 오늘날, 논리 덩어리 같은 컴퓨터 언어나 지금까지 설명했던 논리적 사고는 좋든 싫든 사회의 전면으로 부상할 것이다.

그러나 〈우주 대작전〉에서 커크 선장 일행의 인간적인 '비논리적' 판단은 위기에 처한 인간들을 구하기도 했다. 이와 마찬가지로 인공지능 사회에서도 오로지 논리적으로만 판단하는 인공지능 로봇을 감정과 정서적인 면에서 보충하고, 필요하다면 로봇의 결정을 뒤집는 인간의 리더십 또한 매우 중요해질 것이다.

이렇게 말하면서도 현재 인간 사회를 바라보면 오히려 그런 걱정이 무색할 정도로 '이렇게까지 감정이 세상을 지배했던가?' 하고 놀라는 일이 아직도 상당히 많다.

예를 들어 '금융 불안'이라는 말이 있는데, 어째서 피도 눈물도 없을 것 같은 '돈'의 세계가 이토록 불안해지는 것일까? 금융 시장 바깥에 있는 우리야 그렇다 쳐도, 경제 사정에 정통하고 고도의 금융 정보에 접근하며 그야말로 높은 논리성도 갖춘, 고소득에 생활도 안정된 딜러나 트레이더 같은 사람들까지 흔들리고 있다. 하물며 금융 공학이 진보하고 컴퓨터를 통해 초고속 대량 매매가 세계를 석권하는 시대인데 말이다.

그러나 최근만 해도 국민투표로 영국의 EU 탈퇴가 결정되었을 당시, 사람들의 불안 심리에 금융 시장이 반응했던 '세계 동시 증시 대폭락' 사태가 있었다. 예상과는 달랐던 투표 결과로 인한 충격을 고려하더라도, 영국이 EU에서 탈퇴하기까지는 시간과 절차가 아직 상당히 남아 있기 때문에 그렇게까지 격하게 반응하지 않아도 될 일이었다. 실제로 얼마 후에 시장은 안정을 회복했다.

역시 폭락을 초래한 원인은 합리적 판단이 아니라 전 세계가 영국의 EU 탈퇴에 지나친 공포감을 품은 데 있었고, 시장의 전문가도 그런 영향을 무시할 수 없었다는 것이 실상이다.

어째서 인류는 이토록 금방 두려워하고 당황하는 것일까?

인간은 여러 가지 감정 중에서도 특히 공포를 좀처럼 제어하지 못하기 때문이다. 알다시피 '테러'와 '테러리즘'이라는 말은 공포를 의미하는 라틴어 'terrere(겁을 주다)'에서 유래한다. 테러리스트들에 의한 테러 행위가 종종 효과를 거두는 것은 유감스럽게도 인간이 공포를 극복하지 못한다는 중요한 하나의 사례다.

생명의 진화 과정에서는 공포라는 감정이 살아남기 위한 전략 때문에 발달했다고 본다. 만약 공포를 느끼지 못한다면, 약하고 작은 동물은 자신보다 강력하고 두려운 포식자에게서 도망가지 않기 때문에 살아남는 데 현저하게 불리하다. 즉 공포라는 감정은 인간을 포함한 많은 동물에게 생존과 직결되어 있다.

따라서 두려워할 필요가 없다는 것이 과학적으로 판명되고 이를 정확히 자각하더라도 감정으로 공포를 인식하면 본능적으로 우리는 좀처럼 거기에 맞서지 못한다. 쓸데없는 공포임을 알면서도 귀신의 집만 들어가면 귀신에게 겁을 집어먹는 것이 전형적인 사례다. 하물며 테러 행위처럼 실제 피해까지 동반된다면 필요 이상으로 공포감을 부채질당해 공황 상태에 빠지는 과잉 반응을 보이고 만다.

정서와 논리의
균형이 중요하다

　논리는 분명 이과생의 장점이자 유리한 면일 수 있다. 하지만 신제품 발매를 결정하는 회의에서 엔지니어가 논리적으로 핵심을 찌르는 완벽한 프레젠테이션을 선보였지만, 참석자의 마음을 움직이지 못해 제품화 허가가 떨어지지 않았다는 이야기를 들어본 적이 있을 것이다.

　인간은 애초에 공포나 기쁨 같은 감정을 통해 생존을 도모했던 동물이므로, 감정적으로 딱 와닿지 않으면 회피하는 경향이 있다. 그렇기 때문에 엔지니어의 프레젠테이션을 들었을 때 '맥락도 잘 통하고 과연 당연하다'며 머리로는 이해하더라도 다른 한편으로는 '이거 어쩐지 인정하고 싶지 않아'라는 마음의 소리가 생겨난다면 사람들 대부분은 마지막에 마음 가는 쪽을 우선한다.

　그러나 이런 '어쩐지'야말로 감정과 논리의 간극에 있는 것이다.

회의에서 자세히 다루어야 할 부분은 바로 이것이다.

예를 들어 '어쩐지'의 정체가 시제품의 색이 마음에 들지 않았기 때문이라면, 대체할 색을 찾으면 그만이다. 모처럼 나온 좋은 기획인데 석연치 않은 이유로 채택하지 않는다면 무척 아깝다. 한편으로 이 제품은 어린이가 험하게 다룰 가능성이 높기 때문에 회의 참석자가 무의식중에 깨지기 쉬울 것 같다고 느꼈다면 사용 소재나 설계를 차분히 재검토할 필요가 있다.

여러분 회사에서 회의가 매번 이렇게 단순하게 진행되지는 않겠지만, 사실 '어쩐지'에 휩쓸려 그 정체를 제대로 밝혀내지 않고 넘어갈 때가 적지 않다.

정서가 풍부한 문과생 여러분, 이제 논리의 기초를 익힌 독자 여러분이 바로 이런 '어쩐지'의 정체를 제대로 밝혀내는 데 능력을 발휘해야 한다. 다만 앞서 설명했듯이 정서와 논리성의 균형이 중요하다는 점은 두말할 필요도 없다. 더욱이 정서나 감정적인 면도 상당 부분 논리적으로 분석할 수 있다는 점을 잊어서는 안 된다.

이때는 특히 논리와 정서를 섞지 않는 것이 중요하다. 양쪽을 확실히 구분해 논리와 정서 양쪽에서 각각 한 번씩 제대로 된 답을 찾아보고, 그런 다음에 양쪽을 고려해서 최종적인 결론을 도출해야 한다.

개별적으로 답이 나오기 전에 논리와 정서를 섞으면 어떻게 될까? 이제 말하지 않아도 여러분은 잘 알 수 있다. 논리도 정서도 아닌 '파탄난 논리'나 '논리를 가장한 정서'에 불과하므로 전혀 가치 없는 것이 되고 만다.

　　마지막으로 논리와 정서의 균형을 잡기 위한 전제로서 논리적 사고를 제대로 익혀야 한다는 점을 강조해두고 싶다. 이것만큼은 반드시 기억하자.

과학은
어떻게
현재에 이르렀을까

: 과학관을 키운다

3장

진보는
일직선으로 이루어지지 않는다

이번 장에서는 지금까지 배운 이과적 발상이나 과학적 사고에 따라 한층 관점을 넓혀 과학사의 에피소드를 곁들여 과학 자체의 파악 방식, 이른바 '과학관'을 키워보고자 한다.

우선 아래 질문부터 시작해보자.

'과학기술이 진보하는 흐름을 그래프로 나타낸다면 어떤 형태가 될까?'

조금 의외의 질문일 수도 있겠지만 일단 가로축을 시간, 세로축을 진보 수준이라고 치자.

대부분의 사람은 '역시 아주 옛날부터 조금씩 진보하지 않았을까?' 하며 점차 상승하는 직선적인 그래프를 막연하게 떠올리지 않을까 싶다.

하지만 사실 과학기술은 전혀 다른 모양으로 진보해왔다. 진보 수준을 실제로 수치화하기는 어려우니 어디까지나 상상이지만, 과학사를 거슬러 올라가보면 과학기술은 어떤 때는 갑자기 비약적인 진보를 하는가 싶다가도 오랜 기간 침체기에 들어가기도 하는 것이 일반적이라는 점을 알 수 있다.

대략적인 이미지는 전체적으로 점차 상승하는 경향을 보이면서도, 일반적으로 평탄한 정체기와 급격한 비약기가 번갈아 이루어져왔다는 뜻이다.

다만 이것도 제2차 세계대전 후의 선진국에 국한한 이야기다. 알다시피 독재 국가나 분쟁 지역 등에서는 과학기술이 정체는 고사하고 쇠퇴하는 일마저 생기는데, 이는 과거로 더욱 시야를 넓혀서 보더라도 마찬가지다.

예를 들어 서양은 17세기에 근대 과학이 탄생한 이후 현재까지 과학기술의 선진 지역이었다. 하지만 그 이전 중세에는 종교적 제약도 있어 과학기술이 거의 진보하지 않았다. 진보는커녕 고대 그리스·로마 때의 수학이나 과학적 성과마저 대부분 소실되어 쇠퇴했다고까지 할 수 있다. 오히려 고대 그리스·로마에서 축적된 과학기술 지식을 살려 이를 발전시킨 쪽은 아랍인이었고, 중세에는 이슬람권 쪽이 과학에서 선진 지역이었다.

원래 옛날에는 현재처럼 발견이나 발명한 내용을 세간에 공개하는 것이 당연하지 않았다. 일반적으로 '비전(秘典)'으로서 일종의 특권과 결부되었고, 세간에는 비전 때문에 얻게 되는 결과만 보여주면 되었다. 톡 까놓고 말하면 장인의 기술과 같아서 밥벌이 수단을 남에게 빼앗기기를 꺼렸다.

예를 들어 16세기 이탈리아의 수학자인 지롤라모 카르다노 (1501~1576)는 같은 이탈리아의 수학자인 타르탈리아에게 간곡히 부탁해 3차 방정식의 해법을 은밀히 전수받았다. 하지만 카르다노는 해법을 공개하지 않겠다는 약속을 깨고 책에 적어서 출판해버렸고, 이에 격분한 타르탈리아는 카르다노에게 강제로 수학 공개 시합에 출전할 것을 요구한다.

카르다노 대신 제자 페라리가 시합에 응해 이겼다는 설 외에도 이 사건의 경위에는 여러 설이 있다. 다만 이 에피소드의 카르다노와 타르탈리아처럼 대중 앞에서 소동을 일으키는 경우는 드물었다. 발명자나 발견자의 죽음과 함께 아무도 몰래 소멸해버린 과학과 수학 지식도 분명 많았을 것이다. 수식의 비전은 역시 장인 기술과 마찬가지로 제자에게 전해지는 것이 관례였던 모양이지만, 미술 공예품에도 제조에 관한 비전이 소실되어 현재로서는 어떻게 만들었는지 알 수 없는 걸작이 꽤 많기 때문이다.

다시 원래 주제로 돌아오자. 수많은 사례를 통해 알 수 있듯이 진보의 그래프 모양은 직선도 아니고, 단순하게 상승하는 모양도 아니다. 그야말로 주가 변동처럼 다채로운 형태를 보여준다.

과학혁명이
초래한 것

그렇다면 그래프가 급상승한 부분, 즉 과학이 급격하게 진보하는 순간에는 무슨 일이 있었을까?

과학사학자인 토머스 쿤(1922~1996)은 이를 '과학혁명'이라고 불렀고, 그 의의가 '패러다임을 전환하는 데 있다'고 말했다.

패러다임(paradigm)은 '규범'이나 '모범', 전환(shift)은 '변경'이나 '교체'를 뜻한다. 따라서 과학에서 말하는 패러다임이란 한 시대나 지역에서 널리 이루어지는 과학 연구의 기반이 되는 사고방식이다. 더 나아가 쿤의 주장을 확대 해석한다면 과학사상이나 세계관이 전환되는 것이다.

우리가 일반적으로 혁명이라 부르는 정치적 대변혁에서는 국왕이나 독재자 등 확고한 지위에 있던 사람이 자신의 지위에서 쫓겨나며 기존 정치 시스템이 싹 바뀌어버린다. 이와 마찬가지로 과학혁명에서는 그때까지 권위로 여겨졌던 유력한 가설이 부정되면서 완전히 새로운 과학사상이 그것을 대신한다.

혁명 후의 세계에서 태어나고 자란 사람은 혁명 전의 패러다임을 체험하지 않았으므로 그 충격을 이해할 수 없다. 과학혁명도 마찬가지로 '혁명적 발상이라고? 하지만 학교 수업에서 일상적으로 배웠는 걸'이라며 과학사를 어느 정도 알지 못하면 여우에게 홀린 기분이 들 수밖에 없다.

이는 일본 사회에서 제2차 세계대전 전후로 태어난 세대 간에 인식 차이가 있는 것과 마찬가지다. 전쟁 후에 태어난 사람은 전쟁을 겪은 기성세대에게서 전쟁 후에 바뀐 세상이 마치 꿈과 같다는 말을 듣곤 한다. 하지만 전후 세대는 전쟁 전의 정치 제도나 사회 상황 같은 역사를 제대로 모르니, 그 말의 무게감을 이해하지 못해 일본 사회의 극적인 전환과 충격을 느끼지 못한다.

위대한 발견이
상식이 되기까지

    과학자가 위대한 발견을 해도 세간에서 패러다임이 원활하게 전환되지 않을 때가 있다. 니콜라우스 코페르니쿠스(1473~1543)가 지동설을 발견했지만, 이후에도 일반 사회에서는 오랫동안 천동설을 계속 신봉했다는 점을 통해서도 이런 사실을 확인할 수 있다. 패러다임 전환에 해당하는 발상이나 사상의 전환에도 사람들의 의식은 그다지 빠르게 순응하지 못한다.

    갈릴레오는 네덜란드에서 발명된 지 얼마 안 된 망원경을 자신이 직접 만들어본 다음 주변 사람에게 선보였다. 갈릴레오의 망원경을 들여다본 사람들은 멀리 있는 광경이 마치 눈앞에 있듯 크게 보이는 것에 감격한 나머지 갈릴레오를 천재라고 칭찬한다. 그런데 갈릴레오가 망원경을 밤하늘을 향하게 해놓고 '달의 표면은 울퉁불퉁하다'고 말하자마자 사람들은 싸늘한 태도로 돌변한다. 뚱딴지같은 소리를 한다며 갈릴레오를 비웃고, 망원경에 달을 세공한 것이 아니냐며 의심하거나 아예 망원경으로 보기를 거부한다.

도대체 왜 그랬을까?

이는 당시 가톨릭교회의 영향에 있던 이탈리아인이 '달은 신성한 것이다'라는 낡은 패러다임에 완전히 지배당한 상태였기 때문이다. 천상계는 신이 있는 곳이기 때문에 완벽하고 거기에 있는 달은 완벽한 원형이며 보석처럼 반들반들하다고 여겼다. 반면에 인간이 사는 곳은 불완전한 지상계이므로 지표면에 산이나 계곡이 있으며, 울퉁불퉁하고 거친 것이라 믿었다.

여러분이 상상하다시피 갈릴레오를 비웃거나 의심하면서 망원경 보기를 거부했던 사람들이 내심 가장 두려워했던 것은 기존의 패러다임이 무너져 자신들의 상식이 바뀌는 일이었다.

반면에 갈릴레오는 망원경에 의한 '관찰'이라는 과학적 행위를 통해 '달은 특별하지 않다'라는 새로운 패러다임으로 전환했다.

달은 신성하다는 패러다임에서 훨씬 예전에 전환된 현대의 우리 관점에서 보면 달에 크레이터가 있는 것이 당연하다. 갈릴레오를 비웃었던 사람들이 바보처럼 보일 정도다. 하지만 당시 사람들의 낡은 패러다임에서는 상식적인 행동이었을 뿐이다. 그들은 갈릴레오 같은 천재는 아니지만 적어도 바보는 아니었다.

패러다임 전환에 공헌한 또 다른 한 명의 인물을 꼽아본다면 역시 아이작 뉴턴(1643~1727)이다. 뉴턴의 최대 업적은 '천상계와 지상계는 자연법칙이 다르다'는 낡은 패러다임을 파괴하고 우주 전체에 통용되는 역학적 자연법칙을 제창했다는 데 있다.

현대인의 관점에서 보면 지상과 우주에서 물리 법칙이 다르다는 말이 이상하지만, 이것도 역시 뉴턴 '후'의 상식이다. 갈릴레오 시대에 퍼지지 못했던 새로운 패러다임이 뉴턴의 마지막 일격으로 인해 단숨에 전환되어 퍼졌다.

참고로 뉴턴은 그야말로 천재 중의 천재였던 모양이다. 우주 전체에 통용되는 뉴턴 역학을 구축했을 뿐만 아니라 자신의 설명을 기술하기 위한 수학적 도구인 미분과 적분도 발견했기 때문이다.

하지만 발견한 지 얼마 안 된 미분과 적분으로 역학을 설명하면 동시대 사람들이 이해하지 못하리라고 예상했는지, 주요 저서《프린키피아》에서는 미분과 적분 대신 모든 사람이 이해할 수 있는 초등 기하학만을 사용해 모든 물체의 움직임을 해설했다. 즉 주위의 이해력을 고려해 수준을 낮춰 책을 집필했다. 패러다임을 전환하려면 모두 이해할 수 있도록 알기 쉽게 설명할 필요가 있다는 뜻이다. 역시 천재도 편하지만은 않은 것 같다.

다만 이는 여러분의 업무에서도 마찬가지다. 아무리 혁신적인 시도라도 주위를 이해시킬 수 없다면 의미 없을 때가 있다. 우리는 뉴턴의 자세에서 배울 필요가 있다.

갈릴레오와 뉴턴은 지금으로부터 수백 년이나 전에 활동했던 사람이므로 이제 현대인은 대부분 그들의 발견으로 이루어진 패러다임을 당연하게 받아들인다. 이를 바꿔 말하면 '그들의 발상이 우리의 상식이 되었다'는 뜻이다.

'모르는 것'에
어떻게 대응할 것인가

그러나 현대에서도 전문가 사이에서는 훨씬 전부터 패러다임이 전환되었지만, 일반 사람들 사이에서는 거의 보급되지도 이해되지도 않는 개념이 적지 않다.

세상에서 패러다임이 전환되어 있지 않은 사례는 얼마든지 찾아볼 수 있다. 특히 수학이 얽혀 있을 때 그런 경향은 더욱 두드러진다. 여러분 주위에서도 비슷한 경우가 있다. 이는 '모르는 것'에 어떻게 대응할지에 관한 문제이기도 하다.

수학이 얽혀 있으면 패러다임이 퍼지기 어렵다는 예로서 다음 문제를 생각해보자.

• 2, 4, 6, 8…과 같이 짝수는 무한히 존재한다.

- 1, 3, 5, 7…과 같이 홀수도 무한히 존재한다.
- 홀수와 짝수를 합한 1, 2, 3, 4, 5, 6, 7, 8…이라는 자연수도 무한히 존재한다.

그렇다면 세 가지 무한한 수 가운데 어떤 것의 개수가 가장 많을까?

뜸 들이지 않고 곧장 정답을 말하자면 '모두 같다'가 정답이다.

하지만 여러분이 혹시 '어라, 그거 이상하잖아?' 하고 생각했더라도 무리는 아니다. '짝수가 n개 있고 홀수도 n개 있다면 자연수는 양쪽을 합해서 2n개니까 자연수의 총수가 가장 많은 것 아냐?'라고 생각했을 것이다.

이 문제는 짝수와 홀수와 자연수의 '총 개수'가 주제이며 총 개수가 '무한'이라는 점이 특징이다. 여기서 상세히 설명할 지면이 부족해 유감인데, 아무튼 똑같이 무한이라면 같은 개수가 된다는 것이 결론이다. 더 자세히 알고 싶다면 '대각선 논법'을 키워드로 검색해보기 바란다.

독일의 게오르크 칸토어(1845~1918)라는 수학자가 19세기 후반에 무한을 다루는 수학을 시작하기 전까지, 당시 일반 사람들은 '어라?' 하고 목소리를 높인 여러분의 직감 쪽이 옳다고 생각했다. 오히려 동시대의 대수학자 크로네커는 무한이라는 개념을 주장하는 칸토어의 머리가 어떻게 된 것이 분명하다며 비난할 정도였다. 칸토어는 주위 수학자들의 공격에 시달린 탓인지 만년에는 정말로 정신병을 얻고 말았다.

현대인 또한 유감스럽게도 고등학교까지 수학 수업에서는 무한이라는 수를 제대로 배운 적이 없다. 그렇기 때문에 아무래도 직감적인 방식으로 수를 파악하면서 19세기 이전의 '유한의 숫자' 패러다임으로 생각하고 만다.

따라서 세상을 바꾼 '무한의 숫자'라는 패러다임은 현대에서도 아직 대학 수준의 수학을 배운 사람들 사이에서밖에 전환되어 있지 않다.

상대성 이론은
틀렸다?

　이는 '상대성 이론'도 마찬가지다. 누구나 상대성 이론이라는 말을 잘 알고 있다. 게다가 서점에 가면 입문서도 많이 진열되어 있다지만 알베르트 아인슈타인(1879~1955)이 모처럼 전환한 패러다임이 일반 세간에까지 널리 퍼졌다고는 볼 수 없다.

　상대성 이론이라고 뭉뚱그려 말하지만, 정확히는 '특수 상대성 이론'과 '일반 상대성 이론'이라는 두 종류가 있다. 전자는 '특수'하므로 중력과 가속도에 대해서는 적용할 수 없다. 반면에 후자는 전자보다 '일반'적이므로 중력과 가속도도 다룰 수 있다. 더구나 사칙연산과 제곱근만 안다면 누구나 계산할 수 있다.

　하지만 이렇게 간단하게 계산할 수 있다는 점이 오히려 화근이 되어 '상대성 이론은 틀렸다!'라는 유감스러운 결론을 주장하는 사람이

끊이질 않는다. 개중에는 '물리학자들이 우주 개발 등 막대한 연구 예산을 사수하기 위해 아인슈타인의 잘못된 이론을 사람들에게 주입하려고 한다!'라는 음모론을 전개하는 사람까지 있다.

나 역시 젊었을 때 그런 식으로 말하는 상대성 이론 부정론자들에게 휘말려 매우 난처한 상황에 빠진 적이 있다.

과학지 편집자 소개로 어느 출판사에서 상대성 이론에 관한 원고를 의뢰받았을 때 일이다. 나도 아직 젊었을 때인지라 상대방 의도를 제대로 확인하지도 않고 의뢰를 받은 것 자체에 신이 나서 원고를 작성했다. 그런데 내 원고는 상대성 이론이 틀렸다고 주장하는 사람들의 이름과 나란히 단행본에 수록되어 세상에 나오고 말았다. 게다가 표지를 살펴보니 내가 '상대성 이론을 상식에서 생각하는 모임'인가 뭔가 하는 정체 모를 모임의 멤버인 것처럼 꾸며져 있는 것이 아닌가!

대학 시절 은사였던 교수들은 "자네는 캐나다 갔다가 머리가 어떻게 잘못되어서 돌아온 건가?" 하고 의심하고, 친구인 뇌과학자 모기 겐이치로는 "가오루, 너도 이제 끝이구나" 하고 어깨를 토닥이며 나를 놀렸다. 물론 기나긴 인생에서는 온갖 일이 벌어지기 마련이다.

이 또한 아인슈타인의 패러다임 전환이 일반 세간에까지 침투하지 않았기 때문에 벌어진 비극(희극)이다.

이야기가 다시 옆길로 새어 버렸는데, 아인슈타인 자신도 칸토어와 마찬가지로 얼마간은 주위에서 그의 이론을 이해해주지 않아 고생했다. 상대성 이론은 1905년에 발표되었는데, 새로운 패러다임을 따라가지 못한 물리학계의 일부 중진에게 줄곧 냉담한 시선을 받았고, 노벨상 선정 위원 중에도 상대성 이론이 틀렸다고 철석같이 믿는 사람이 있어 몇 번이나 후보에 올랐음에도 수상에 실패했다. 1922년이 되어서야 겨우 노벨 물리학상을 받았지만, 수상 이유는 상대성 이론이 아닌 양자론 연구 때문이었다.

지금까지 살펴본 대로 패러다임 전환이 꼭 순조롭다고 단정할 수 없다. 전문가 사이에서조차 이토록 시간이 걸리는데, 하물며 일반 사회에서 까다로운 수학과 복잡한 이론이라며 계속 무시하는 것도 무리가 아니다.

작은 패러다임 전환은 아직까지는 별 탈 없이 사회에 받아들여질 때가 많다. 하지만 수학의 '무한' 개념이나 상대성 이론처럼 극적인 발상의 전환일수록 역시 그만큼 받아들여지기까지는 시간이 걸리며, 일반 사회와 인연이 없는 상태가 쭉 이어지기도 한다.

그렇기 때문에 이처럼 엄청나게 큰 패러다임 전환의 혁신성이나 그 의의를 일반 사람이 알기 쉽고도 재미있게 전달하는 것이 나 같은 과학 작가의 중요한 업무 중 하나다. 그런 만큼 나도 '남의 의식을 전환하기가 만만치 않구나' 하고 평소 통감해오던 참이다.

하지만 이렇게 자신을 둘러싼 것에 대한 인식이나 의식이 새로워지고 상식이 달라진다니 어쩐지 신선한 기분이 들지 않는가? 퍼즐 같은 것을 풀 때 지금까지와는 전혀 다른 해법이 퍼뜩 떠올라 단번에 해결한 뒤 느껴지는 희열처럼 말이다. 과장해서 말하면 새로운 자신으로 다시 태어난 듯한 일종의 쾌감도 있을 것이다.

고도의 수학 지식 없이는 이해할 수 없는 현대 과학의 패러다임은 분명 많이 존재한다. 하지만 기존에 갖고 있던 본인의 상식만을 완강하게 고집하지 말고, 있는 그대로 논리적으로 사고한다면 여러분도 전환할 수 있는 최신 패러다임이 상당수 존재한다.

무엇보다 중요한 것은 패러다임 전환이라는 개념만 파악한다면, '내가 이해하지 못했을 뿐이지 그런 새로운 사고방식이 있구나!' 하고 겸허하게 수용할 수 있다는 점이다. 적어도 자신의 무지에 불과한 것을 붙잡고 '그럴 리 없다!'며 초장부터 부정하는 우를 범하지 않아도 된다. 멋대로 품었던 선입견이 간혹 사회인으로서 커다란 실점이 되기도 한다는 사실을 여러분은 이미 알고 있을 터다.

모르는 것이나 새로운 것을 두려워한 나머지 낡은 패러다임에 매달리는 것이 문제다. 이는 1장에서 말한 '전례의 답습'과도 중복되는 이야기인데, 실수로라도 '상대성 이론은 물리학자의 음모다' 같은 이야기에는 편승하지 않기를 당부한다.

커다란 장애물을
무너뜨리는 방법

패러다임 전환과 마찬가지로 새로운 국면에 도달하는 것을 가리키는 표현으로써 더 자주 접하는 표현이 바로 어감도 좋은 '브레이크 스루'다.

가야 할 지점과 방향은 알지만 '포기해야 하나?' 하고 생각할 만큼 커다란 장애물이 있는 상황에서 장애물을 무너뜨릴 방법을 찾아내어 보무도 당당히 건너편에 도달하는 것. 알다시피 이것이 바로 브레이크 스루다. 하지만 브레이크 스루 역시 때로는 패러다임 전환 이상으로 어려울 때가 있다.

2014년 노벨 물리학상을 받은 아카사키 이사무, 아마노 히로시, 나카무라 슈지 세 명의 교수가 발명한 '파란색 발광 다이오드(LED)'가 한 가지 사례다.

이 발명의 기초가 되는 '다이오드'란 전자를 일정한 방향으로 정류(整流)시키는 성질이 있는 반도체인데, 다이오드의 원리는 19세기에 발견되었고 20세기 초반에 실용화되었다. 발광 기능을 갖춘 발광 다이오드도 1962년, 즉 반세기 전에 발명되었다. 최초의 발광 다이오드는 빨간색이었고 곧이어 초록색과 노란색 발광 다이오드도 개발되었다. 그렇게 되자 '이제 파란색만 있으면 빛의 삼원색이 얼추 갖춰지니 컬러 영상 등에 폭넓게 이용할 수 있겠다'며 다들 기대했다.

하지만 이미 알려진 대로 수많은 연구자가 온갖 수를 써서 개발에 도전했음에도 파란색 발광 다이오드만큼은 번번이 개발에 실패했다.

파란색 발광 다이오드의 발견과 발명에 얽힌 비화는 이미 여기저기에 소개되었으므로 여기서는 언급하지 않겠다. 다만 애초에 노벨 물리학상은 새로운 원리나 기초적 이론의 발견에 주어질 때가 많으며, 공학과 관련된 실용에 가까운 분야에서 수여되는 경우는 이례적이다. 그만큼 이 발견은 어렵고도 실제 사회에 커다란 충격을 준 위대한 브레이크 스루였던 셈이다.

한 가지 더, 이번에는 구체적으로 브레이크 스루의 예를 들어보겠다. 나는 사진 촬영이 취미이고 기계를 좋아하기도 해서 지금까지 카메라 바디와 렌즈를 꽤나 구입한 카메라 마니아다. 그런 내가 보더라도 특히 최근 몇 년 동안은 렌즈나 전자 센서 등 카메라 세계에 기술적인 브레이크 스루가 파도처럼 밀려들어와 자꾸만 다른 곳에 시선이 간다. 내 입장에서는 특히 '회절 렌즈'의 제품화와 이후의 품질 향상이 충격적이었다.

초등학교 때 배웠던 프리즘 실험을 떠올려보기 바란다. 태양의 빛
(백색광)이 무지개처럼 빨강, 노랑, 초록, 파랑 등으로 분리되어 예쁘게
보인다. 카메라에 사용되는 볼록 렌즈도 프리즘과 마찬가지다. 특히
렌즈 주변부로 갈수록 색(파장)으로 인해 빛의 굴절 정도가 달라져 색
이 분리되고 만다. 이렇게 되면 촬영한 이미지가 지저분해지니 큰 문
제다.

전문 용어로는 '색분해' 또는 '색수차'가 생기는 것인데, 이 현상을
어떻게 억제하는지가 각 제조사 입장에서는 항상 주요 과제이자 선보
이고 싶은 핵심 기술이었다. 따라서 문제 해결을 위해 오목 렌즈와 다
른 볼록 렌즈를 복잡하게 조합하거나 렌즈 소재를 바꾸는 등의 시행착
오가 계속되어왔다.

이 문제를 근본부터 해결한 제품이 캐논의 DO 렌즈와 니콘의 PF
렌즈였다. 제품명은 다르지만, 양쪽 모두 이과라면 누구나 배우는 빛
의 회절 현상(틈이 있는 장애물이 파동의 진행경로에 있을 때, 파장이 틈을
지나 파가 그 주변으로 퍼져나가는 현상 -옮긴이)을 응용했다. 발매된 지
10년 정도 지났으니 최근 몇 년 동안 성능을 더욱 향상한 것이다.

관광지의 등대를 잘 살펴보면 광원인 대형 라이트 전면에 여러 개
의 동심원 모양의 띠가 톱니처럼 새겨진 커다란 렌즈가 달려 있다. 그
것이 바로 회절 렌즈인데 자동차의 전조등이나 손전등에 사용될 때도
있다. 회절 렌즈는 회절 효과를 활용해 빛을 직진시킬 수 있는 것은 물

론, 렌즈 소재를 톱니처럼 깎은 구조로부터 볼록 렌즈에 비해 엷게 경량화가 가능하다는 이점이 있다. 특히나 커다란 렌즈가 필요한 대형 광원 등에는 반드시 사용되는 렌즈다.

회절 렌즈가 갖는 또 하나의 중요한 특징은 볼록 렌즈와 반대 방향으로 색분해된다는 점이다. 그렇게 되면 볼록 렌즈와 회절 렌즈를 조합했을 때, 플러스마이너스 제로로 색분해가 상쇄되어 색수차가 제거된 깨끗한 이미지를 얻을 수 있다(다음 그림 참조). 단 한 장의 회절 렌즈가 기존의 커다란 문제를 완벽하게 수정해주는 것이다. 게다가 동시에 대폭적인 경량화를 꾀할 수도 있다.

볼록 렌즈와 회절 렌즈의 빛의 경로와 색분해의 차이

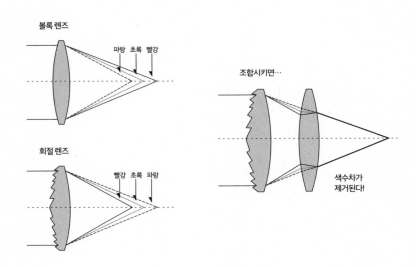

결국 카메라 렌즈에서 일대 전환이 온 셈이다. 들새를 촬영하려고 지름이 크고 무거운 렌즈를 사용할 때가 많은 나 같은 사람에게는 특히 큰 도움이 되어 매우 감격스럽다.

그런데 회절 렌즈 자체는 19세기 초기에 오귀스탱 장 프레넬(1788~1827)이라는 프랑스 물리학자가 고안한 것으로, 당초부터 등대 등에 이용되던 가치 있는 발명이었다. 볼록 렌즈와 반대 방향으로 색분해 된다는 점도 꽤 예전부터 알려져 있었다.

다만 카메라 렌즈로서 성능을 발휘할 수 있는 정밀도로 회절 렌즈를 가공하기가 매우 어려웠고, 거기에 브레이크 스루가 필요했다.

이 에피소드에서도 역시 레일은 훨씬 예전부터 깔렸지만 실용화에 도달하기 위한 브레이크 스루는 프레넬의 발명으로부터 약 200년 후에나 겨우 이루어졌다는 계산이 된다.

돌파력의 원천은
어디에서 오는가

패러다임은 언제 전환될까?

이는 천재가 별안간 발견하는 것이기 때문에 우리처럼 평범한 사람들은 물론, 과학자들조차 다음 혁명이 언제 도래할지를 예상하기란 거의 불가능하다고 해도 좋다.

그렇다면 브레이크 스루는 언제 실현될까?

지향해야 할 방향성이 처음부터 보이는 만큼 모두 '가능할 것이다'라고 내다보고 있기에 극심한 경쟁이 벌어진다. 그러니 패러다임을 전환할 만한 새로운 발견이나 발명이 있으면 실용화에 이르기까지 수많은 브레이크 스루가 필요함에도 신문 기사 등에는 '5년 후에는 실용화 전망'과 같은 장밋빛 전망만이 보도된다.

예측할 수 없는 것은 아니지만 지금까지 살펴보았듯이 브레이크 스루를 실현하기란 결코 쉽지 않다. 그렇기 때문에 야심차게 '5년 후에는…' 하고 내놓은 예측은 쉽게 빗나가 버린다.

브레이크 스루를 위한 비결 같은 것은 없을까?

여기에는 약간의 단서가 있을 것 같다. 매우 좋은 예 중 하나가 캐논이 잉크젯 프린터로 시장을 석권했던 '버블젯' 방식이다. 이쪽 방면에서 이미 고전이라 알 만한 사람은 다 아는 대표적인 사례. 나는 버블젯 개발에 얽힌 에피소드를 캐논에 근무하는 친구에게서 들었다. 오타 도쿠야의 〈잉크젯 프린터 개발을 주도하며〉라는 자료도 참고가 되었다.

어떤 젊은 엔지니어가 땜질 인두로 전자회로를 만들다가, 뜨겁게 달궈진 땜질 인두의 끝이 우연히 잉크를 채워 넣은 주사기 바늘에 닿았다. 그 순간 바늘 끝에서 잉크 방울이 엄청난 기세로 분출하는 현상을 발견했다고 한다.

정말 우연한 일이었지만 이야기를 들은 상사 엔도 이치로 연구원은 번뜩 '그것을 프린터에 사용할 수 있겠다!'라고 생각했고, 이것이 나중에 버블젯 방식으로 명명되는 잉크젯 프린터 개발로 이어졌다고 전해진다.

이처럼 본래 목적과는 관계없는 현상이 우연히 일어남으로써 뜻밖의 발견이나 성공을 얻게되는 행운을 가리켜 '세렌디피티(Serendipity, 뜻밖의 행운)'라고 부른다.

우연이 발단이기는 했어도 엔도 씨는 세렌디피티를 불러들이는 요소를 터득했던 사람이었던 모양이다. 그는 팀 리더로서 버블젯 개발 멤버를 선발할 때 다음 다섯 가지 기준에 따라 인재를 모집했다고 한다.

① 헝그리 정신: 새로운 분야에 과감히 도전하려면 이는 당연하다.

② 천성이 밝은 사람: 기술적 장벽에 가로막혀도 침울해하지 않고 계속 개발하기 위해 필요하다.

③ 두 분야에 뛰어난 사람: 물리가 전문이지만 생물학에도 열중한다든지, 업무 외에 마작이 프로급이라든지, 다재다능하고 호기심 강한 인재라는 의미다.

④ 미의식을 이해할 것: 남을 제쳐가면서까지 출세하고 싶은 사람은 안 된다는 의미다.

그리고 마지막으로 제시한 것이 바로 이것이다.

⑤ 운이 좋을 것: 굳이 설명이 따로 필요 없다.

분명 세상에는 운이 좋은 사람이 있다. 우연히 행운을 만났을 때 그것을 헛되이 하지 않기만 하면, 또는 악운에 휘말려도 끙끙대지 않기만 하면 된다는 견해도 있지만, 어느 쪽이든 주위가 '운이 좋다'고 생각하게 하는 인물에게는 뭔가가 있다.

버블젯의 경우는 이런 다섯 가지 요소를 가진 사람들이 제대로 융합되어 팀으로서 기능했다. 그래서 개발 기간에 수많은 어려움이 있었지만, 몇 번이나 세렌디피티가 찾아왔고 브레이크 스루를 통해 히트 상품 개발에 성공할 수 있었다.

역시 뜻밖의 행운도 장소를 골라가며 나타나는 것 같다. 2012년에 노벨상을 받은 교토대학교 야마나카 신야 교수의 iPS 세포(유도만능줄기세포, 수정란을 사용하지 않고 체세포에서 얻어낸 배아줄기세포 같은 만능인 줄기세포로 다양한 세포로 분화가 가능하다—옮긴이) 발견도 마찬가지로 매우 흥미로운 브레이크 스루 사례다.

내가 야마나카 교수를 인터뷰했을 때 놀랐던 것은 야마나카 교수가 열심히 연구하는 의학자일 뿐만 아니라 준전문가 수준의 컴퓨터 실력도 갖추었다는 점이다. 젊었을 때 집에서 운영하는 부품 공장의 제조 장치 관리 프로그램까지 개발했다고 하니 보통 실력이 아니다.

iPS 세포 제작에 결정적 수단이 된 것은 무수히 많은 유전자 가운데 특별히 관심 있는 유전자만을 골라내는 작업이었다. 그런데 이때 뛰어난 컴퓨터 실력이 매우 큰 효력을 발휘했다. 즉 '두 분야에 뛰어난 사람'이 아니었다면 이미 치열한 경쟁이 펼쳐지고 있는 줄기세포 연구 분야에서 야마나카 교수가 조기에 iPS 세포를 발견할 수 없었을 것이다.

그러고 보니 야마나카 교수 밑에서 실험을 담당했던 다카하시 가즈토시 연구원도 사실은 공학부 출신으로 의학이나 생물학은 원래 전

문이 아니었다고 한다. 스승과 제자 모두 두 분야에 뛰어난 사람이라
는 사실을 알 수 있다.

　이는 비단 과학기술에만 해당하는 이야기가 아니다. 여러분의 업
무 중에도 그저 우등생이 되기만 해서는 돌파할 수 없는 벽이 있을 것
이다. 버블젯 개발 팀의 다섯 가지 요소는 그런 업무에 필요한 돌파력
의 비밀을 찾아내는 데 좋은 힌트가 되지 않을까?

과학이
모두 해결해주지는 않는다

　　패러다임 전환과 브레이크 스루를 통해 어려움은 있더라도 기본
적으로 '과학의 앞길은 개척해갈 수 있다'라는 취지의 이야기를 쭉 이
어왔다. 이제부터는 약간 철학적이지만 '과학의 한계'라는 부정적인
방향의 사안도 굳이 살펴보고자 한다. 과학과 기술의 진보가 현저해진
만큼 이는 피할 수 없는 질문이기 때문이다.

　　1장에서 '일본인은 과학에 대한 불신감이 강하다'고 지적했는데,
한편으로 '과학에는 한계가 없다'며 무조건 맹신하는 사람도 많은
것 같다. 양쪽은 정반대 주장인 것 같지만 사실 뿌리는 똑같다. 과학
을 접할 기회가 적고 본질을 이해하려고 하지 않기 때문에 발생하는
문제다.

　　나는 배우인 미나미사와 나오 씨와 함께 NHK 교육 채널의 과학

프로그램 '사이언스 ZERO'의 진행을 맡고 있다. 몇 년 전에 특집으로 NHK 제1라디오의 '라지라!'라는 프로그램과 협업하여 10대 청취자를 중심으로 과학에 관한 질문을 모은 적이 있다.

"연애하는 방법을 까먹었어요. 과학으로 해결해주세요!"

"예뻐지려면 어떻게 해야 하나요?"

"학교에 갈 때 순간이동을 할 수 있었으면 좋겠어요!"

예상대로 패기 넘치는 질문이 많이 접수되었다. 그런데 질문 내용을 살펴보니 좋게 말해서 '뭐든 과학 지식으로 해결할 수 있다!'라는 과학에 대한 소박한 기대, 굳이 냉정하게 표현하자면 안이한 믿음이 물씬 풍겼다.

인류가 방대한 과학 지식을 축적해왔으니, 대부분 젊은 사람은 인생의 괴로움 따위는 전부 과학 박사들에게 물어보면 틀림없이 모두 해결해줄 수 있으리라고 믿는 모양이다.

분명 인류의 과학 지식이 미치는 범위는 광대하다. 이제는 130억 광년 이상이나 멀리 떨어진 은하를 관측할 수 있는가 하면, 전자 현미경으로 100만 배라는 놀라운 배율로 마이크로 세계를 관찰할 수도 있다. 새로운 약이나 치료법의 개발로 예전에는 불치병으로 여겼던 병도 잇달아 완치할 수 있게 되었다.

천연두가 박멸되고 결핵을 완치할 수 있게 되었지만, 암과의 싸움은 아직 진행형이다. 우주 비행사가 도달할 수 있었던 곳은 여전히 달까지에 불과하며, 이웃하는 행성인 화성조차 아직 가는 것이 불가능하다.

　지구 내부도 마찬가지다. 일본이 자랑하는 심해 유인 탐사 잠수정 '신카이 6500'이 새로운 조사를 할 때마다 신종 심해 생물을 속속 발견한다는 사실에서도 알 수 있듯이, 미지의 영역은 아직도 상당히 많이 남아 있다. 모종의 발견으로 인해 종종 또 다른 수수께끼가 생겨날 때도 있기 때문에 과학 지식의 지평은 오히려 실시간으로 계속 넓어지고 있다고 봐야 한다.

　그러나 '그런 미지의 세계도 급속도로 없어지는 게 아닐까?' 하는 걱정이 들 정도로 오늘날 과학기술이 진보하는 속도가 빠른 것 또한 분명하다. 가령 과학의 수수께끼가 전부 완벽하게 밝혀지는 미래가 온다고 할 때, 현대의 과학 지식은 그중 몇 퍼센트에 해당할까?

　물론 정확한 숫자를 알 수 있을 리도 없지만, '꽤 많이 발견되지 않았을까?' 하고 느끼느냐 '아직 전혀, 1퍼센트도 밝혀지지 않았어!' 하고 느끼느냐에 따라 과학에 대한 인상은 크게 달라진다. 현대 과학으로 대부분을 알 수 있다고 생각하는 사람은 낙관주의자이고, 과학의 진보는 이제 막 시작되었을 뿐 아직 거의 달성되지 않았다고 생각하는 나 같은 사람은 비관주의자가 되는 셈이라고나 할까?

　여기에 관해서는 과학자들 사이에서도 의견이 분분한 것 같다. 나는 이 문제를 추적한 《과학의 종말》(까치, 1997)이라는 해외 베스트셀러를 일본어로 번역한 적이 있다. 당시에 과학자 몇 사람에게서 "과학이 종말에 가까워졌다니 웬 말이냐!"라며 비난받기도 했다. 나는 그저 번역만 했을 뿐인데 말이다. 동시에 한편으로는 과학 현장에서 일하다 보면 확실히 막다른 곳에 있는 것처럼 느껴질 때가 있다는 공감의 목소리 또한 여러 번 들었던 기억이 선명하다.

상상력의 한계가
과학의 한계다

'과학의 한계'라고 할 때 정말로 한계를 초래하는 것은 무엇일까? 여기서 말하는 한계가 과학이 해결해야 할 과제의 난해함이 아니라, 사실은 인간의 '상상력의 한계'라는 견해가 있다.

그러고 보니 아인슈타인도 "지식보다 상상력이 중요하다"라는 명언을 남겼다. 과학, 즉 사이언스(science)는 말은 '지식'이라는 의미의 라틴어 스키엔티아(sciéntia)에서 왔는데, 아인슈타인은 과학의 지식적 면보다 상상력, 착상이나 사고방식의 다양성을 중시했다.

상상력의 한계가 과학에 한계를 초래하는 것은 아닌가 하는 지적은 절대 비약이 아니다. 실제로 과학 연구는 '상상하는' 데서부터 시작된다. '이런 것이 아닐까?' 하고 상상할 수 없다면 우리는 실험한다든지 관찰해본다든지 하는 생각이 애초에 불가능하다. 따라서 상상력이 없으면 과학이라는 일 자체가 없어지고, 당연히 실험이나 관찰, 고찰의 결과가 과학 지식으로 축적되지도 않는다. 여기에서 다음 의문을 검토해야 한다.

'인간의 상상력에는 한계가 있을까?'

노력만 한다면, 혹은 천재라면 어떤 것이라도 상상할 수 있는가 하는 질문이다. 철학자인 루트비히 비트겐슈타인(1889~1951)은 "말할 수 없는 것에 대해서는 침묵하라"고 단언했다. '말할 수 없는 것'이란 인간이 언어로 표현할 수 없는 것 혹은 상상을 초월하는 것이라는 의미이며, '침묵하라'란 쉽게 말해 무리하지 말고 포기하라는 뜻이다.

실제로 과학에는 언어나 숫자, 도형으로 나타낼 수 있는 범위로만 사고의 교환이 가능하다는 제약이 존재한다. 이른바 '(남들과) 말할 수 있는 것'이다. 따라서 아인슈타인과 같은 천재라도 상상의 산물을 남들과 서로 주고받을 때는 언어나 숫자, 도형 같은 기호 표현에 의한 구속을 당하게 된다.

이 문제를 구체적 사례로 살펴보자.

입구에서 출구를 찾아 빠져나가면 먹이를 얻을 수 있게끔 만든 미로에 실험용 쥐를 넣었다고 치자. 그러면 쥐는 열심히 미로를 돌아다니면서 몇 번인가 실패하면서 학습하고, 쥐 나름대로 '아하, 여기서 오른쪽으로 돌면 되겠다'와 같이 상상력을 발휘해 능숙하게 미로를 빠져나갈 수 있게 된다.

그러나 쥐가 학습할 수 있는 미로에는 한계가 있다. 예를 들어 하나

건너 갈림길을 오른쪽으로 돌기만 하면 탈출할 수 있는 정도의 미로는 학습할 수 있다. 하지만 2번째, 3번째, 5번째, 7번째, 11번째…처럼 '소수(素數, 1과 그 수 자신 이외의 자연수로는 나눌 수 없는 자연수-옮긴이)' 번째 갈림길을 오른쪽으로 돌아야 탈출할 수 있는 식의 복잡한 미로는 학습하지 못한다. 인간과 달리 '수학 언어'를 갖고 있지 않은 쥐는 소수라는 개념에 도달할 수 없다.

어려운 문제가 있을 때 거기에 걸맞은 언어가 없다면 상상력의 한계에 부딪혀 버린다는 뜻이다. 인간은 한국어나 영어, 중국어와 같은 자연 언어를 갖고 있어 상당히 복잡하고 추상적인 사고를 할 수 있지만, 언어에 따른 한계는 존재한다.

예를 들어 고대 지중해를 석권했던 로마인도 숫자를 다루는 방법(=수학 언어)에는 한계가 있었다. 여러분도 알다시피 로마 숫자로 1은 'I', 10은 'X', 100은 'C', 1,000은 'M'으로 표기한다. 그래서 예컨대 3,999라면 'MMMCMXCIX'라고 표기하는데, 사실 로마 숫자가 셀 수 있는 범위는 여기까지다. 4,000 이상의 숫자는 나타낼 수 없다(다음 그림 참조).

로마 숫자 표기 규칙

① 숫자에 사용되는 로마자는 I, V, X, L, C, D, M의 일곱 가지다.

　I=1, V=5, X=10, L=50, C=100, D=500, M=1,000

② 같은 기호는 3개까지밖에 나열할 수 없다.

(V, L, D는 하나만)

(I , II , III 이라고는 표기하지만 IIII라고는 표기하지 않는다. 시계의 IIII는 예외)

③ IV(=4)는 V 왼쪽에 I를 둠으로써 '5의 하나 앞'이라는 뜻이다.

마찬가지로

IX=9, XL=40, XC=90, CD=400, CM=900

등과 같이 표기할 수 있다.

④ 위에 따라 최대 수인 1,000을 나타내는 M도 3개까지밖에 나열할 수 없으므로

4,000 미만이면서 최대정수인 3,999가 최대 수가 된다.

[단, MM · II (=2,000×2)와 같이 곱셈 형태를 취하는 방법은 있다]

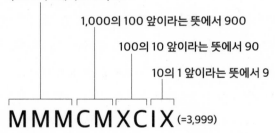

1,000이 3개이므로 3,000

1,000의 100 앞이라는 뜻에서 900

100의 10 앞이라는 뜻에서 90

10의 1 앞이라는 뜻에서 9

MMMCMXCIX (=3,999)

이런 문제가 생긴 원인 중 하나가 바로 '0'의 부재, 즉 '자릿수'라는 개념이 없기 때문이다. 현대의 우리는 10은 두 자리, 100은 세 자리 같은 방식으로 아라비아 숫자인 0을 구사함으로써 개념적으로는 무한의 자릿수를 상상할 수 있다. 하지만 0이라는 개념도 없고, 숫자에도

로마자를 할당했던 로마인에게는 수적 표현에 한계가 있었다.

고대 인도인이 '0이란 자릿수의 공석'임을 최초로 발견했다고 전해진다. 이렇게 0이라는 개념이 아랍 세계를 통해 유럽으로, 다시 유럽에서 전 세계로 퍼졌을 때 인류의 숫자 언어는 커다란 진화를 이룩했다.

다들 알다시피 수학 언어를 포함해 언어로 잘 표현되는 대상이 있는가 하면 그렇지 못한 대상도 있다. 만약 그렇다면 인류가 사용하는 어떤 언어로도 상상할 수 없는 개념이 있을지도 모른다. 인류의 언어로 표현할 수 없는 것이라면 그야말로 인류가 '말할 수 없다'는 이유로 인류는 '침묵해야' 하며, 바로 그것이 우리의 한계가 될 것 같다. 그렇지 않다면 우리는 더욱 고도의 언어를 새로이 획득할 수 있을까?

실험용 쥐가 소수를 이해하지 못한다며 인간들은 깔보며 비웃을지 몰라도, 우주 어딘가에 지구인보다 훨씬 뛰어난 언어를 구사하는 지적 생명체가 있다면 "지구인은 '☆ДИшя' 같은 초보 개념조차 이해하지 못하네?" 하며 비웃을지도 모를 일이다.

인터넷은
'외장형 기억 장치'

언어의 한계가 어디에서 오는지를 끝까지 파고들다 보면 우리가 처리 속도, 기억 용량, 이해력 같은 두뇌의 한계에 지배당하고 있음을 알 수 있다. 실제로 가령 고도의 표현이 가능한 언어가 개발된다 해도 인간의 두뇌가 이해하지 못할 정도로 언어가 복잡하다거나, 두뇌의 한계를 뛰어넘는 고속의 대용량 처리가 필요하다면 자연 언어로서 기능할 수 없다.

우리는 스스로 두뇌의 한계를 뛰어넘을 수 없을까?

고분고분 단념해버릴 것 같았겠지만, 사실은 어쩌면 가능할지도 모른다고 생각한다. 모르는 정보는 구글에서 검색하면 되고 언제든지 검색할 수 있기 때문에 기억할 필요도 없다고 생각하는 사람이 늘었다는 통계가 있다. 현대인은 자신의 두뇌에 대해 인터넷을 '외장형 기억 장치'로 간주하며, 더는 자기 두뇌로 뭐든지 기억하거나 판단할 필요가 없다고 여긴다. 나는 바로 이런 '구글 효과'가 두뇌의 한계를 돌파하는 관건이라고 본다.

검색 프로그램이 필요해진 데는 인터넷상을 오가는 방대한 정보량의 존재가 배후에 있다. 그중에서 유효한 정보를 효율적으로 끄집어내는 데 필요한 검색 프로그램의 중추에는 최신 인공지능이 작용한다.

가령 인터넷과 연결된 인공지능을 '외장형 두뇌'라 부른다고 할 때, 외장형 두뇌의 도움을 빌린다면 인류 두뇌의 진화만으로는 수만 년이나 걸릴 처리 속도나 기억 용량의 향상도 단기간에 실현할 수 있다.

문제는 외장형 두뇌와 신체의 두뇌를 직접 연결하는 방법이다. 이 문제만 해결한다면 외장형 두뇌는 압도적인 데이터양과 지능을 무기로 신체의 두뇌를 지원하며, 지금껏 상상도 하지 못했던 복잡하고 추상적인 개념까지 신체의 두뇌에 전해줄 수 있게 될 것이다.

하지만 대체 어떻게 해야 가능할까?

이것이 불가능하다면 신체의 두뇌는 결국 컴퓨터에서 일단 출력된 정보를 다시 신체의 오감을 통해 받아들일 수밖에 없다. 외장형 두뇌에서 얻은 복잡한 정보를 애초에 신체의 두뇌가 정말로 이해할 수는 있을까?

수학자나 물리학자가 고차원의 기하학 도형을 이해하는 방법에서 힌트를 얻을 수 있다.

삼각형이든 오각형이든 2차원의 넓이를 가진 기하학 도형은 누구나 머릿속에서 자유자재로 회전시킬 수 있다. 여러분도 삼각형을 180도 돌리거나 오각형을 90도 회전시키는 정도라면 앉은 자리에서 도형을 떠올렸을 때 곧장 가능할 것이다.

하지만 피라미드(사각뿔)나 주사위(정육면체) 같은 3차원 도형을 머릿속에서 자유자재로 회전시킬 수 있는 사람은 많지 않다. 2차원의 삼각형이나 오각형을 회전시키는 데 비하면, 머릿속에서 입체를 빙글빙글 돌려가며 각 면의 상호 위치 관계를 놓치지 않고 파악하기는 상당히 힘들다는 점을 실감할 것이다.

게다가 한 차원을 더 늘려서 4차원이 되면 더 어려워진다. 예전의 천재 아인슈타인 정도나 되어야 '우주는 4차원 시공간으로 구성되어 있다'는 점을 간파했다는 데서도 알 수 있듯이, 대부분 사람은 이미지조차 떠올리지 못한다.

예를 들어 최첨단 현대 물리학에서는 '우주에는 11차원의 넓이가 있다'는 설이 유력한데, 11차원이라는 고차원의 넓이를 갖는 기하학 도형을 그대로 머릿속에서 이미지화하기란 누구도 불가능하다.

그러나 수학자나 물리학자는 도형의 '단면'을 이해함으로써 전체상을 상상한다. 11차원의 도형을 상상 속의 칼로 싹둑 잘라보면, 단면은 넓이가 한 차원 줄어든 10차원이 된다. 이는 입체(3차원)를 자르면 단면은 반드시 평면(2차원)이 되는 원리와 마찬가지다.

따라서 10차원을 한 번 더 자르면 이번에는 단면이 9차원이 되고, 다음에는 8차원이 되는 식이다. 이렇게 점차 잘라가다 보면 11차원 도

형에서라도 보통 사람이 이해할 수 있는 3차원이나 2차원이 보이게
된다.

이런 기법을 통해 11차원의 우주 공간이나 도형 전체를 단번에 이
미지화할 수는 없어도 다양한 단면에서 11차원을 관찰함으로써 점차
전체상을 이미지화할 수 있다.

지금까지 기하학의 사례를 살펴봤는데, 이처럼 수학 언어에는 두
뇌의 한계를 뛰어넘는 방법이 존재한다. 미래의 외장형 두뇌는 기하학
과 마찬가지 방법으로 획득한 지식을 여러 방향에서 잘라내어 '단면',
즉 점차 난이도를 낮춘 문제로 나눔으로써 신체의 두뇌에 우주나 생명
의 비밀을 가르쳐줄 수 있지 않을까?

태어날 때부터 외장형 두뇌와 함께 자란 오늘날의 '외장형 두뇌 네
이티브' 세대, 다시 말해 태어날 때부터 인터넷이나 컴퓨터에 둘러싸
인 환경에서 성장한 세대는 신체의 두뇌와 외장형 두뇌의 '경계'를 이
미 크게 느끼지 않을지도 모른다.

다만 신인류라고 할 만큼의 '두뇌력'을 정말로 획득할 수 있을지는
그야말로 신만이 아는 영역일 것이다.

과학은
어디를 향하고 있는가

과연 과학은 종말에 가까워졌을까? 아니면 아직 아장아장 걷는 아기의 걸음마 단계일까? 일단 그 문제는 제쳐두더라도, 과학의 중요한 과제 중에는 수없이 많은 난제가 있다.

- 우주는 어떻게 시작되었는가?
- 생명은 어떻게 시작되었는가?
- 의식의 기원은 어디에 있는 것인가?

우주와 생명과 의식의 기원이라는 세 가지 문제는 인류 '존재'의 근간에 깊이 관계된 '과학의 3대 난제'라 해도 좋다.

우주가 어떻게 시작되었는지에 관해서는 '빅뱅이라는 대폭발이 있었고…'라는 이른바 빅뱅설이 물리학계에 이미 정설이다. 다만 '그렇다면 빅뱅이 일어나기 전에는 어떻게 되어 있었는가?' 같이 이야기가 흘러가다 보면 아직도 모르는 것투성이다.

하지만 우주의 기원을 알 수 있다면 지금 우리가 사는 우주 이외에 다른 우주가 존재하는지도 확실히 알 수 있을 것이고, 우주 탄생의 원리를 응용한다면 혹시나 실험실에서 우주를 만드는 일이 가능해질지도 모른다. 실험실에서 '창조주'로서 우주를 만들 수 있게 된다면 '신의 존재' 같은 종교적이고도 철학적인 문제조차 과학으로 답을 찾을지도 모른다.

생명의 시작도 마찬가지로 우리의 '존재'라는 문제와 직결되어 있다. 생물과 무생물의 경계는 과학자들 사이에서도 항상 논란의 중심이다. 지금은 바이러스가 그 경계선상에 있다고 보는데, 기존 생물의 세포 등을 이용하지 않고 백지상태에서 생물을 만드는 것이 가능할까? 만약 생체의 '부품'으로서 단백질 같은 물질을 합성하는 것만으로 백지상태에서 생물을 만들어낼 수 있다면 생명 현상을 궁극까지 이해한 셈이 될지도 모른다.

우리 입장에서 생명 현상보다 더 불가사의한 것이 '나'라는 의식의 문제다. 이 글을 쓰는 나, 즉 다케우치 가오루는 '나라는 존재'를 의식하고 지금 책을 읽는 여러분도 '나라는 존재'를 의식할 텐데, 이 의식의 기원은 어디에 있는 것일까?

바이러스는 '나라는 존재'를 자각하지 않고, 지렁이의 의식도 상당히 희박할 것이다. 하지만 집에 키우는 반려묘들은 어떨까? 혹은 갓난 아기들은 어떨까?

중요한 것은 혹시나 이런 '나라는 존재'에 대한 과학적 메커니즘이 밝혀진다면, 인공지능에도 '나'라는 자의식을 발아시키는 것이 가능해질 수도 있다는 점이다.

현재는 육체가 '죽음'을 맞이함과 동시에 '나'라는 의식도 사라져 버리지만, 의식의 메커니즘이 완전히 밝혀진다면 살아 있는 동안에 뇌 신경의 정보를 인터넷상의 서버에 업로드해서 육체가 사라진 후에도 '나'로 계속 살아가는 것이 가능해질지도 모를 일이다.

약간 SF적인 이야기가 되었는데, 나는 우리의 존재와 깊이 관련된 3대 난제의 해결이야말로 과학 지식이 지향하는 하나의 도달점이라고 생각한다. 역시 난제인지라 금방 밝혀지지 않는다 해도 근원적 물음인 만큼 많은 과학자가 지금도 여기에 도전하고 있으며, 인류 과학 지식의 최전방이 도달해야 할 방향성이 조금씩 보이게 된 것 또한 사실이다.

그렇지만 3대 난제가 해결되는 순간 과학자들은 목표를 잃고 과학은 종말을 맞이하게 될까? 아니면 현시점에는 상상하지 못했을 뿐 그 무렵에는 더한 난제가 모습을 드러내 과학자들은 새로운 목표를 향한 분투를 시작할까? 솔직히 말해 나로서는 알 수 없다.

다만 우주, 생명, 의식의 세 가지 기원이라는 3대 난제가 미해결 상태인 동안에는 우리 인류가 쌓아 올려온 과학 지식의 종말을 말하기에는 아직 이르다.

　하지만 정말로 생체적으로 두뇌가 직접 컴퓨터나 인터넷과 연결
된다면, 그때 인류의 새로운 상상력은 우주나 생명, 의식의 기원을 순
식간에 밝혀낼지도 모른다. 두려우면서도 두근거리는 이야기지만, 이
것이 현재 과학이 향하는 커다란 방향이자 과제다.

　정말로 숨 가쁘게 과학사와 과학의 현재 상황, 한계, 전망을 해설해
왔다. 현대 과학이 다루는 범위는 매우 광범위하기 때문에, 모든 내용
을 알기란 사실상 불가능하다고 해도 좋다. 그런 만큼 과학의 전체상,
윤곽선, 그리고 본질만큼은 정확하게 파악해두는 것이 오히려 더 중요
해졌다.

　그렇게 파악한 결과가 바로 과학관이다. 앞으로도 더욱 좋은 과학
관을 정립할 수 있도록 절대로 과학기술에 대해 몰이해하고 무관심해
지는 일이 없기를 모쪼록 당부한다.

최신 과학기술의
본질 파악하기

: AI 시대에 대비한다

4장

4차 산업혁명이
가져온 변화

    3장에서는 과학사적으로 과거에서 미래에 이르는, 이른바 과학의 커다란 겨냥도를 살펴봤다. 이번 장에서는 인공지능이나 양자컴퓨터 등 그야말로 선진 분야로 주목받는 과학기술과 우리가 앞으로 어떻게 어울려야 하는지를 살펴보고자 한다.

    지금 '제4차 산업혁명'이 진행 중이다!

    여러분도 이런 이야기를 접할 기회가 점차 늘어날 것이다. 제4차 산업혁명이란 독일에서 2011년 무렵부터 제창된 개념으로 '인더스트리 4.0'이라고 표기할 때도 있다.

    제4차 산업혁명의 전제가 되는 제3차 산업혁명까지의 흐름을 확인하면 다음과 같다.

- 제1차 ─ 18세기 증기기관의 발명에 의한 동력혁명
- 제2차 ─ 20세기 초 전기와 석유를 이용한 에너지혁명
- 제3차 ─ 20세기 말 자동화에 의한 생산혁명

　산업혁명 때마다 생물의 멸종, 진화와도 비슷한 현상이 인간 사회에도 일어났다. 산업혁명이라는 환경의 격변 때문에 사회 구조에도 미증유의 변화가 생겨났다. 이런 상황에서 공룡처럼 멸종하는 산업과 직업이 있는가 하면, 새로운 종이 생겨나듯 이제까지 없었던 새로운 산업과 직업이 탄생해왔다는 의미다.

　우리는 증기기관의 발명으로 동력을 얻어 공업을 발달시켰는데, 그로 인한 변화는 아직 속도가 느렸다. 극적으로 변화한 계기는 제2차 산업혁명에 의한 대량 생산의 시대가 시작되면서부터다. 예를 들어 미국에서는 포드 자동차로 대표되는 컨베이어 벨트식 생산양식이 주류가 되었다.

　영국의 배우이자 감독인 찰리 채플린은 영화 〈모던 타임스〉에서 당시 시대상을 풍자하여 컨베이어 벨트에 농락당하는 노동자를 연기함으로써 사회에 경종을 울리기도 했다. 영화를 어떻게 해석할지는 논외로 하더라도, 기계 때문에 일자리를 빼앗기거나 기계의 형편에 맞춰 일하는 사람이 나온 것은 엄연한 사실이다.

　다만 자동차 산업 외에 전자 제품 산업과 화학 산업 등이 발흥하면서 고용을 늘렸을 뿐만 아니라, 의료가 진보하고 인체의 혹사도 줄어

드는 등 거시적인 관점에서 봤을 때 산업혁명이 인류의 생활을 풍요롭게 한 것 또한 분명하다. 사람을 해고하거나 기계에 맞춰 일하게끔 명령한 쪽은 인간인 경영자 쪽이지, 기계가 인간을 지배하지 않았다는 점은 두말할 필요도 없다.

제3차 산업혁명은 우리도 동시대적으로 오늘날까지 목격해온 컴퓨터나 산업용 로봇을 구사한 생산 현장의 자동화와 기계화이니 별다른 설명은 필요 없다. 지금까지 이루어진 정보화 역시 제3차 산업혁명의 범주에 있다.

반면에 이제 바야흐로 발생했다고 전해지는 제4차 산업혁명은 이른바 'IoT(Internet of Things, 사물 인터넷화)'로 대표되는 새로운 산업 형태다.

지금까지는 산업에 인터넷을 도입한다고 하면 생산 장치의 제어 등 생산 현장에서 이용되는 정도의 수준이었다. 그런데 앞으로는 제품(=물건)에도 무선 태그나 인터넷 칩 등을 내장하게 될 것이다.

이로써 제품의 실사용 정보가 실시간으로 인터넷으로 전송되어 생산 현장에 피드백으로 전해지거나 사용자 사이에서 공유된다. 생산자 측에서도 항상 최신 버전의 내장용 소프트웨어를 제품에 배포할 수 있으니 모든 사물이 인터넷에 연결되는 셈이다.

예를 들어 냉장고와 같은 가전제품이 인터넷에 연결되었을 뿐만 아니라 식료품 칸이나 패키지 등에도 각각 칩이 들어 있다고 치자. 그렇게 되면 장을 보러 가서도 스마트폰으로 냉장고의 내용물을 확인할 수 있다든지, 나아가 식품이 부족해졌을 때 냉장고가 자동 주문해주는 것도 기술적으로는 이미 가능하다.

식품 회사 입장에서는 자사의 제품이 어느 지역에서 어떤 사람이 어느 주기로 소비하는지 등, 기존에는 사람을 써서 열심히 설문 조사를 해야만 겨우 알았던 정보를 손바닥 들여다보듯 순식간에 파악할 수 있다.

하지만 그렇게 되려면 인터넷 칩의 소형화나 저소비 전력화, 저가격화 등의 문제 외에도 사회적인 '사전 조정'이라는 장벽에도 분명 가로막힐 것이다. 따라서 제대로 실현되려면 어느 정도 시간이 걸릴 수밖에 없는 일이다.

그러나 기본적으로 인터넷에 연결된 스마트폰이나 인터넷 체제로 편입되는 데 저항감이 적은 자동차 등은 이미 위치 정보나 사용 상황이 실시간으로 '클라우드'에 전송된다. 그리고 각 단말에서 수집된 정보가 종합되어 방대해진 '빅데이터'는 재해가 발생할 때 피난 행동 분석이나 도로 정체 정보의 발신 등에 이용되기 시작했다. 따라서 앞으로 IoT가 사회 곳곳에 스며드는 데 더욱 가속도가 붙으리라는 사실은 틀림없어 보인다.

또 이런 시대에서 생산되는 공업 제품은 기존의 소품종 대량 생산에서 소비자의 세심한 요구를 충족하는 다품종 소량 생산으로 바뀌게 된다. 그렇기 때문에 지금이야말로 대기업보다는 중소기업이 무대의 중심에 설 때라고 할 수 있다. 실제로 IoT의 발상지인 독일은 기술력이

높은 중소기업이 많은 '제조업' 강국으로서 국가적으로 IoT 정책을 추
진하고 있다. 그렇다면 우리도 여기에 뒤처져서는 안 되지 않겠는가.

인공지능은
욕망을 갖게 될 것인가

　　IoT 외에 클라우드 컴퓨팅이나 빅데이터 등과 같이 최근 몇 년 사이에 흔히 접하는 과학기술은 모두 제4차 산업혁명의 기반이 되어가고 있다. 그중에서도 핵심이 되는 과학기술은 시스템 전체를 제어하게 될 인공지능이다.

　　이 책에서도 인공지능을 이미 여러 차례 언급했는데, 여기서 한 가지 근본적인 질문을 던져보고자 한다.

　　'인공지능이란 무엇일까?'

　　'이제 와서 뭐지?' 하는 목소리가 들려오는 것 같은데, 사실 인공지능의 정의는 상당히 모호하다. 왜냐하면 애초에 '지능'은 매우 정의하기가 까다롭기 때문이다. 전문가 사이에서도 인공지능에 관한 정의나 견해는 상당히 엇갈린다. '전자계산기도 인공지능이다'라고 규정하는 사람이 있는가 하면, 현시점에서 최고 성능을 가졌다고 평가되는 인공지능조차 '그런 건 인공지능과는 거리가 멀다'라고 단칼에 부정하는 사람까지 있다.

이 문제를 고민하는 데 현대 컴퓨터의 기초를 구축한 앨런 튜링(1912~1954)이라는 인물을 소개하고자 한다.

〈이미테이션 게임〉이라는 영화를 통해 앨런 튜링을 알게 된 사람이 있을지도 모르겠다. 아쉽게도 아카데미상은 놓쳤지만, 텔레비전 드라마 〈셜록〉으로 주목받은 배우 베네딕트 컴버배치가 영국의 수학자인 앨런 튜링을 열연해 화제가 된 작품이다.

튜링은 제2차 세계대전 당시 나치 독일이 U보트 함대와 통신에 사용했던 '에니그마'라고 불리는 암호 생성기를 해독하기 위한 팀을 이끌고 멋지게 암호를 풀어내 연합군의 승리에 크게 공헌한 인물이다. 말하자면 천년왕국의 야망을 극소수의 수학 마니아들이 깨부순 셈이다. 암호 해독에 사용된 기계가 튜링도 설계에 관여했던 '계산기'로서 이것이 현대 컴퓨터의 기초 중 하나가 되었다.

서론이 길어졌는데, 컴퓨터의 선구자 중 한 사람이었던 튜링은 '무엇을 인공지능이라고 불러야 하는가?'라는 문제에 관해서도 이미 1950년에 쓴 논문에서 지침을 제시했다. 컴퓨터가 이제 막 실용화되던 당시에도 미래상으로서 이 물음은 중요했다.

튜링은 '기계가 인간과 대화할 때, 인간이 상대가 기계임을 알아채지 못한다면 그게 바로 인공지능이다'라고 정의했다. 있는 그대로 말하자면 '보이스 피싱을 성공시키는 수준에 도달했다면 합격이다'라는 뜻이다.

이는 '튜링 시험'이라고 불리는데, 튜링 시험의 큰 틀은 '텍스트(문장)를 매개로 하는 대화에서 판정자 3분의 1이 상대방을 인간이라고 믿는다면 성공'이라는 것이다. 따라서 그저 질문에 올바르게 대답하는 차원을 넘어, 일부러 틀리거나 또는 인간다운 일종의 더듬거림이나 선입견조차도 재현해야만 한다.

튜링이 인정하는 수준의 보이스 피싱에 컴퓨터가 성공한 것은 2014년으로 불과 몇 년 전의 일이다. 러시아의 슈퍼컴퓨터가 자신을 '13세의 우크라이나 소년 유진'이라고 설정하여 키보드를 통해 인간과 대화했는데, 심사원 3분의 1이 인간이라고 속음으로써 마침내 합격으로 인정받았다.

하지만 심사원의 판단을 가장 크게 좌우했던 '13세의 우크라이나 소년'이라는 설정 자체는 인공지능이 아니라 제작자의 아이디어였다고 한다. 우크라이나 소년이었기 때문에 대화에서 엉터리 영어를 구사해도 의심받지 않았다는 점도 한몫했다. 그래서 튜링 시험에 합격하지 못했다고 주장하는 전문가도 상당수 있는 모양이다.

이처럼 이견도 있지만, 현대의 인공지능은 튜링 시험에도 합격하는 수준에 이르렀다. 다만 인간의 지능과는 여전히 커다란 차이가 있다.

특히 가장 큰 차이점으로 지적되는 것이 '욕망'의 유무다. 최근 몇 년 사이 장기나 바둑을 학습한 인공지능이 프로 기사를 상대하거나 능가하는 모습이 대대적으로 보도되어 큰 쟁점이 되었다. 하지만 인공지능의 승리는 인공지능이 '이기고 싶다'고 원했기 때문이 아니다. 그렇게 원한 것은 인간인 인공지능 연구자들이며, 그들이 인공지능에 장기나 바둑을 기계 학습(인간이 자연적으로 수행하는 학습 능력 같은 기능을 컴퓨터에서 실현하려는 기술이나 방법으로, 인공 지능 분야의 중요한 연구 과제다 ―옮긴이)시킨 결과다.

당연한 말을 하는 것 같지만, 한편으로 우리는 무심결에 '인공지능과 로봇은 때가 되면 제멋대로 진화해갈 것이다'라고 생각하고 두려워하는 구석이 있다. 영화 〈터미네이터〉에서는 컴퓨터와 기계가 인류를 멸망시키려 하고, 〈2001 스페이스 오디세이〉에 등장하는 인공지능 컴퓨터 할(HAL)도 우주 비행사를 살해하려고 했다. 〈우주 소년 아톰〉이나 〈도라에몽〉같은 애니메이션에서도 그런 내용이 담긴 에피소드가 있다.

그러나 여기에는 3장 마지막에 언급한 '의식'의 문제와도 얽혀 있는 커다란 장벽이 가로막고 있다. 즉 인공지능이 그리 쉽게 욕망이나 의식, 바꿔 말하면 의지나 자아를 지닌 인간에게 해를 끼치게 되지는 않을 것이며 또 그렇게 될 수도 없다. 인공지능 연구자들은 전문가인 만큼 이 점을 잘 안다. 대다수 연구자는 인공지능의 미래를 그다지 두려워하지 않으며 오히려 낙관적으로 본다.

미래에
무엇을 배울 것인가

그렇다면 우리 역시 훨씬 먼 앞날을 걱정하기보다는 현실적으로 조금 더 가까운 미래의 불안에 대처해야 한다. 지금 내 최대의 관심사는 제4차 산업혁명 '이후'를 위한 아이들의 교육 문제다.

'현재 초등학생의 65퍼센트는 지금은 아직 없는 직업을 갖게 될 것이다'라는 미국 노동부의 예측이 있다. 일본의 노무라 종합 연구소는 '일본 노동 인구의 약 49퍼센트가 종사하는 직업은 인공지능이나 로봇으로 대체할 수 있다'라는 추계를 발표했다. 여기서 퀴즈를 하나 내보겠다.

다음 중 인공지능이 대신하리라고 예상되는 직업은 무엇인가?

- 은행의 대출 담당자

- 스포츠 심판

- 부동산 중개업자

- 변호사 조수

- 안경 및 콘택트렌즈의 검안사

- 택시 운전사

이미 눈치챘겠지만 모두 정답이다.

물론 모든 직업이 인공지능으로 대체되지는 않는다. 여기 제시되지 않은 직업, 예를 들어 회사 경영자의 경우 인공지능에서 조언을 받을 수밖에 없게 된다 해도 조직에는 여전히 의지를 가진 인간 리더가 필요하다. 또한 대면 접촉을 중시하는 보육사, 초등학교 교사, 심리 상담사 같은 직업도 인간의 직업으로서 앞으로도 계속 남으리라 생각된다.

기존의 산업혁명에서는 이른바 블루칼라가 직업을 빼앗길 때가 많았고, 화이트칼라가 직종을 확장하는 경향에 있었다. 하지만 인공지능을 중심으로 하는 제4차 산업혁명에서는 인공지능이 가질 수 없는 '신체'를 사용해 일하는 블루칼라가 의외로 일자리를 잃지 않을 수도 있다. 인공지능의 특기는 데스크 업무 계열 작업이라는 점을 고려하면 오히려 화이트칼라가 급속도로 일자리를 잃게 될 수 있다.

하지만 신체를 대체하는 로봇도 연구 개발이 상당히 진행되었고,

인공지능의 발달에 따라 오히려 인공지능이 처리하기 어려운 사무 업무가 새롭게 출현할 수도 있기 때문에 예상은 어디까지나 예상일 뿐이다.

모든 것을 예상할 수 없다지만, 제4차 산업혁명 때문에 도래하는 인공지능과 로봇 사회에 대비하기 위해, 그때는 성인이 되어 있을 현재의 이들을 어떻게 교육시킬 것인지는 지금 바로 검토하고 실행해야만 하는 중요한 과제다.

이제까지 내가 들어왔던 전문가 의견 중에서 특히 인상적이었던 것은 '프로그래밍이라는 행위 자체가 변화할 가능성이 있다'는 예측이었다. 알기 쉽게 바꿔 말하면 인공지능이 프로그래밍까지 하면서 정보화의 최전방에 있던 프로그래머라는 직업조차 앞으로는 인공지능에 자리를 내어준다는 뜻이다.

물론 핵심적, 첨단적, 예술적인 일부 프로그램은 장래에도 인간 프로그래머가 개발할 것이라고 생각하지만, 이는 어디까지나 에이스급 인재의 업무다. 평균적인 프로그래머의 업무는 그리 멀지 않은 시기에 없어질지도 모른다.

그런 사태가 실현된다면 인공지능의 원리나 작용을 알기 위한 프로그래밍 교육은 여전히 필요하다 해도 '무슨 프로그래밍 언어를 배울까?' 같은 실용 목적의 선택은 더는 의미가 없어진다.

반대로 프로그래밍의 배후에 있는 논리적이며 과학적인 사고를 제대로 학습할 필요가 더욱 높아진다. 이와 동시에 초등학생은 국어 ·

산수·과학 과목, 중학생은 국어·수학·물리 같은 기초 과목, 나아가 철학·예술·체육 같은 그야말로 인간으로서 기초 교양이 더욱 중요해질 것이다.

인간에게 쉬운 것이
인공지능에도 쉬울 수는 없다

　최근 몇 년 사이 인공지능에 대한 매스컴의 주목도는 꾸준히 높아지고 있다. 수많은 인공지능 관련 심포지엄과 원탁회의 등이 개최되면서 행사의 사회나 진행자를 부탁받는 일이 많아졌다. 원래부터 인공지능에 커다란 관심을 두었지만, 그런 자리에 참석해보면 실용화를 눈앞에 둔 신기술 관련 지식은 물론 미래상에 관해서 더욱 깊이 있게 알 기회가 늘어 매번 놀라움의 연속이다.

　인공지능 전문가의 발표에서 실용화가 가까워진 사례 중에 특히 내 관심을 끌었던 것은 스카이프 통화(인터넷 회선을 통한 통화 서비스)의 '실시간 동시통역 기능'이 일본어에도 대응한다는 내용이었다. 예를 들어 미국과 일본 간에 스카이프를 통해 회의할 때 건너편에서는 영어로 말하고 이쪽은 일본어로 말하더라도 일상적인 회의가 가능하다는 뜻이다.

"그럼 앞으로 우리는 영어를 죽어라 공부하지 않아도 된다는 겁니까?"

사회자인 내가 미국인 발표자에게 질문했더니 똑같은 의문을 가졌던 사람들도 많았던 모양인지 장내가 들썩였다.

"적어도 동시통역이라는 직업은 없어지겠지요."

발표자는 대수롭지 않게 영어로 답했는데, 하필이면 이런 말이 동시통역사를 통해 일본어로 방문객에게 전해졌으니 장내는 뭐라 말할 수 없는 묘한 웃음에 휩싸였다.

하지만 인공지능은 아직 만능이 아니다. 전문가의 미래 예측을 통해 오히려 안도감을 느낀 부분은 다음과 같은 내용이었다.

"인공지능은 앞으로 3년에서 5년 정도면 유명 대학의 입시에도 합격할 수 있는 수준의 지능을 얻게 됩니다. 하지만 초등학교 3학년 정도의 학생이 갖는 '상식'을 얻으려면 앞으로 10년 이상은 걸릴 겁니다."

비슷한 말을 예전에도 들었다. 인공지능의 성능 향상이 뚜렷해질수록 인간에게 쉬운 것이 반드시 인공지능에도 쉽다고는 할 수 없다는 점이 오히려 지금까지도 주목받아온 것이다.

인간의 행동이나 사고를 인공지능이 기억하게 하려면 거기서 일정한 패턴을 추출해야 한다. 그러나 상식이라는 것에는 상당한 폭이 있어서 그러기가 매우 어렵다. 현재 여러분도 매일매일 생활하면서 본인이 상식으로 여겼던 것이 남에게는 그렇지 않았다거나 그 반대의 경우가 있었을 것이다. 우리는 상식이라는 것이 실로 모호하다는 점을 종종 경험해왔다.

우리 인간은 일상 중에서 가장 기초적인 상식인 인사 하나에서도 상대, 장소, 시간, 날씨 등 사소한 상황의 차이에 따라 이를 묘하게 구분해서 사용한다.

하지만 최근 인공지능은 영상 인식 기술과 더불어 주위 환경이나 바로 앞에 있는 인물이 누구인지는 이미 인간 못지않게 정확하게 인식할 수 있다고 한다. 따라서 길을 가다가 마주친 상대방이 오른쪽 옆집에 사는 할머니이고 손에 장바구니를 들고 있다면, 이를 재빨리 인식해서 붙임성 좋게 인사하는 것 정도는 이제 식은 죽 먹기다.

"안녕하세요. 오늘도 기운 넘치시네요. 장 보고 오시는 건가요?"

또는 한밤중에 건너편에 사는 초등학생을 만났을 때는 단순히 "안녕?" 하는 대신에 타일러 주는 것도 가능하다.

"너무 밤늦게까지 놀면 못 써."

하지만 왼쪽 옆집에 사는 유치원생이 아침부터 현관 앞에서 넘어져 큰 소리를 낸다고 치자. 이때 로봇이 "안녕?"이 아닌 "괜찮니?"라고 말을 걸면서 손을 내밀어줄 수 있을까? 또는 대수롭지 않게 넘어졌다고 파악해 "그 정도로 울면 못 써"라고 기운을 불어넣거나 사실은 넘어진 것이 아니라 바닥에 납작 엎드려 줄지어 가는 개미를 바라보며 신이 나서 소리를 지른 것뿐임을 알아차릴 수 있을까? 과연 이와 같은 상황 판단이 가능할까? 물론 시간만 들인다면 더는 불가능한 일은 아니겠지만, 예상하다시피 로봇 입장에서 봤을 때는 급격하게 허들이 높아진 셈이다.

결국 상식이란 '암묵적인 지식'이므로 인간적 경험을 쌓는 방법 말고는 단련하기가 어렵다. 더구나 논리적으로는 매우 먼 관계에 있는 개념을 인간은 감성으로 아주 쉽게 연결해내니 고성능 인공지능이라도 아직은 좀처럼 이를 쉽게 따라잡을 수 없다.

이런 점을 어떻게 이해해야 할까? 두뇌가 명석하고 지식은 매우 풍부하지만, 사회 경험이 부족하거나 발상이 경직된 탓에 늘 분위기 파악을 못 한다는 소리를 듣는 사람을 떠올려본다면 쉽게 와 닿을 것이다.

전환점이
온다

언젠가 인공지능은 인간이 가진 지혜와 지식, 그리고 상식의 본질까지 밝혀내며 인간의 지능을 뛰어넘을 것이다. 이런 전환점을 전문가들은 '싱귤래리티(singularity)'라 부른다. 있는 그대로 말하자면 인공지능이 인류 전체보다 머리가 좋아진다는 뜻이며, 우리가 지식 면에서 인공지능에 소외당하는 상황이 도래함을 가리킨다.

우리말로는 '기술적 특이점'이라고 번역한다. '특이점'이란 수학과 물리학의 전문 용어로 '어떤 법칙이 더 적용되지 않는 점'이다. 즉 '예측할 수 없고', '계산할 수 없는' 경계점을 가리킨다. 인공지능을 예측할 수 없다는 말은 인류 전체의 지능을 뛰어넘었기 때문에 이제 인공지능이 내놓는 해답의 의미를 오히려 인간이 이해하지 못하게 되고 인공지능이 멋대로 성장해가는 것을 뜻한다.

다만 어느 전문가에 따르면 싱귤래리티에 도달하기 위한 길이 반드시 명확하게 보이는 것은 아니고 인공지능이 성장할 여지가 무한하다는 보증이 있는 것도 아니므로, 어떤 이유로 인공지능의 발달에 한계가 와서 특이점에는 도달하지 못할 가능성도 충분히 있다고 한다.

즉 인공지능의 연구도 단순한 상승 곡선을 그리며 개발이 진행되는 것은 아니다. 3장에서 살펴본 것처럼 사실 패러다임 전환이나 브레이크 스루가 한층 더 필요하며 아직도 미지의 영역이 많다.

실제로 현재가 인공지능 연구의 '제3차 유행기'라는 말이 있다. 그 말인즉 이미 두 번 인공지능의 연구가 커다란 장벽에 부딪혀 유행이 종식되었던 과거가 있다는 뜻이다.

하지만 의지나 욕망을 갖지 않는 인공지능이 그대로 인간을 완벽히 대체할 수 있을지는 논외로 하더라도, 지식과 그것을 사용하는 사고력이라는 의미의 '지능' 면에서 인간이 추월당하는 것은 역시 시간 문제인 것 같다. 많은 전문가가 그 시점을 대체로 30년 후에서 50년 후 사이로 예측하며 '2045년 문제' 같은 식으로 칭하기도 하는데, 그때 인류 사회는 극적인 변화를 경험할 것이다.

인공지능은
또 한 명의 전문가일 뿐이다

지능을 추월당한다는 느낌이 어떤 것인지 이해되지 않을 수도 있다. 이는 장기나 바둑 대국에서 고수가 둔 절묘한 한 수의 의도를 아마추어인 우리는 전혀 이해하지 못하는 상황과 마찬가지다. 본인 스스로 도저히 그런 수를 떠올리지 못함은 물론, 고수에게 해설이라도 받지 않는 이상 그 한 수에 어떤 계획이나 의도가 있는지조차 단번에 완벽히 이해할 수 없다는 뜻이다.

여러분도 스포츠나 비즈니스에서 자신보다 훨씬 뛰어난 실력을 갖춘 인물을 상대할 때 상대방의 플레이나 행동, 수단의 의도를 전혀 이해하지 못하거나, 또는 전혀 효과적인 방법이라고 생각하지 않았는데 결과적으로 자신이 압도적으로 패배했던 경험이 있을 것이다.

미래에 A사의 경영을 관리하는 인공지능이 'B사와 즉시 합병해야 한다'는 판단을 내렸다고 치자. A사의 사장은 어째서 B사와 지금 합병해야 하는지 의문스럽다. 인공지능이 수집한 방대한 수치 정보의 의미도, 합병이라는 판단을 하게 된 복잡한 사고 과정도, 더는 직접적으로는 전혀 이해하지 못하기 때문이다. 따라서 정말로 그것이 합리적 판단인지 알 수 없어서 인공지능에 해설을 구할 수밖에 없는 상황이 일어날 수 있다.

또는 어느 초강대국의 군사 전략을 총괄하는 인공지능이 '핵미사일을 발사해야 한다'는 판단을 내렸다고 치자. 하지만 그 나라의 대통령 역시 인공지능이 그렇게 판단한 이유를 이해할 수 없다. "전략 인공지능아, 세계가 파멸할 것 같은데 그래도 미사일 버튼을 눌러야 하는가?"라고 이유를 물을 수는 있겠지만, 애초에 핵 버튼을 실질적으로 인공지능의 사고에 맡겨도 되는지는 중대한 문제다.

그러나 핵전쟁이 전 인류의 생사를 좌우한다는 점은 논외로 하더라도, 우리가 인공지능에 지능을 추월당하는 일 자체는 사실 그렇게까지 두려워하지 않아도 된다. 왜냐하면 대부분 사람은 인공지능이 우리의 지능을 능가해 이해할 수 없는 존재가 됨으로써 인공지능의 사고가 일종의 '블랙박스'화된 상태를 두려워하는 것인데, 우리는 이미 지금도 수많은 블랙박스에 둘러싸여 있기 때문이다.

예를 들어 전자레인지나 자동차의 구조 및 동작 원리를 깊이 있게 이해하는 사람은 별로 많지 않지만, 전자레인지나 자동차 모두 무모한 방식으로 사용하면 상당히 위험한 물건이다. 따라서 이러한 것도 일종의 블랙박스인데, 그럼에도 대부분 사람은 이를 안전하게 사용하지 않는가.

덧붙이자면 앞서 설명한 장기나 바둑의 고수처럼 본인보다 뛰어나고 높은 전문성을 보유한 이들의 지능은 모두 블랙박스라고 해도 좋다. 우리 일상에서는 의사의 진단이나 최첨단 제품의 수리 등이 전형적인 사례인데, 업무의 전문성이 높으면 높을수록 기본적으로는 모든 대응을 전문가에게 맡길 수밖에 없기 마련이다.

물론 '블랙박스도 안전하다' 같은 식으로 안이하게 대변할 생각은 전혀 없다. 블랙박스이기 때문에 당연히 위험성은 존재한다. 돌팔이 의사 같은 경우도 있고, 수리비 견적을 지나치게 높게 부를 때는 신제품 강매를 위한 속임수 같기도 하다.

회사를 경영할 때도 모처럼 고용한 경영 컨설턴트가 영문 모를 경영 용어나 숫자를 앞세운 끝에, 매출이 오르기는커녕 회사만 혼란스러워지며 비싼 컨설팅 비용을 바가지 썼다는 이야기를 자주 듣는다. 하지만 의사나 변호사 같은 전문가에 의지할 수밖에 없는 상황은 세상에 넘쳐나고 있다.

즉 블랙박스와 어떻게 어울려야 하는지에 대한 문제는 사실 지금까지도 우리 눈앞에 커다란 과제로 항상 존재했다. 어떻게 보면 우리가 어울려야 할 전문가 리스트에 앞으로 인공지능이 또 한 명의 전문가로서 새로이 추가될 뿐이다. 오히려 악덕 컨설턴트처럼 여러분을 바가지 씌워 돈을 가로채려고 궁리하는 욕망(악의)도 없다. 오히려 그런 걱정을 하지 않아도 되니, 인공지능은 상당히 유능한 블랙박스가 되어 줄 수도 있다.

그렇게 생각해봤을 때 전문성이 높은 프로페셔널과 일한 적 있는 여러분이라면 대응법도 이미 잘 알 것이라고 본다. 내가 굳이 몇 가지 조언을 더 하자면 다음과 같은 사항이 중요하다.

- 상대가 무엇을 할 수 있고 무엇을 할 수 없는지 전문 범위를 확실히 파악해 둔다.
- 맡길 업무의 큰 틀을 설정하고 범위를 넘는 일을 시키지 않는다.
- 모르는 것을 무리해서 납득하려 하지 말고 몇 번이든 설명을 요구한다.
- 전문가는 여러 명(인공지능이라면 여러 대)을 고용해 항상 벤치마킹하고 한 명(한 대)에게 모든 것을 맡기지 않는다.
- 도장은 건네주지 않는다(최종결정권을 주지 않는다).

다만 이런 식의 대응은 여러분이 고객 측일 때만 해결할 수 있다. 악의를 품은 인물이 여러분에게 고성능의 인공지능을 구사해온다면 어떻게 할 것인가? 이는 수완 좋은 사기꾼이나 강력한 무기를 지닌 인물이 여러분에게 적의를 갖고 다가오는 것과 마찬가지다. 앞으로 사회에서 문제가 되는 것은 이런 지점이다.

그러나 이런 면이 있음에도 지금까지 사법·경찰 등의 제도를 통해 세상의 변화에 잘 대응할 수 있었다. 이와 마찬가지로 사회의 힘으로 문제에 충분히 대처할 수 있다고 본다. 전자레인지에 제조사의 안전 설계가 요구되고 자동차 운전에 면허 제도가 있는 것도 사회적 대응의 선행 사례다.

싱귤래리티의 도래까지 기다리지 않더라도, 예를 들어 지금 초등 학교 1학년 학생이 사회에 나올 무렵에는 초소형화된 스마트폰에 고성능 인공지능이 내장되면서 우리는 모든 것을 스마트폰과 상담하며 살아갈 것이다.

이미 현재도 대중교통을 빨리 갈아타는 방법을 찾거나 가전제품을 어디서 싸게 살 수 있는지를 알고 싶을 때 항상 스마트폰으로 검색해보는 사람이 적지 않다. 인터넷 회선의 건너편에는 말할 것도 없이 인공지능이 자리 잡기 때문에 변화를 쓸데없이 두려워할 필요는 없다.

게다가 요즘 아이들은 어렸을 때부터 이런 상태에 익숙하다 보니 오히려 인공지능이 시키는 대로만 하지 않을 것이다. 어른이 되어서도 컴퓨터를 '좋은 파트너'로 여기고 인공지능의 한계를 인식한다는 것이다. '여기부터는 정서의 범위니까' 하고 인공지능을 살짝 제쳐두고 이를 편리하고 능수능란하게 다루며 힘차게 살아갈 것이 틀림없다. 이런 내 생각이 지나치게 낙관적일까?

난관은
계산 능력에 있었다

그런데 앞으로 우리에게 갖가지 위기를 안겨줄 정도로 인공지능에 급속한 발전을 가져다준 것은 과연 무엇이었을까?

여러분은 인공지능이 인간의 사고를 모방한다는 이미지를 갖고 있을 것이다. 이와 유사한 인공지능의 기본적인 구조는 '뉴럴 네트워크(neural network)'라고 불리는 소프트웨어다. 이름이 나타내는 대로 두뇌의 신경망 구조를 모방한 컴퓨터 프로그램이다.

예를 들어 'cat'이라는 영어 단어를 키보드로 입력하면 발음이 음성 출력되도록 뉴럴 네트워크 소프트웨어를 개발했는데, 처음에 'hæt'이라는 잘못된 발음이 출력되었다고 치자. 물론 이렇게 되면 제대로 모방하지 못하기 때문에 "발음이 좀 잘못됐어. 그건 모자야. kæt이라고 해야지"라고 잘못을 지적하고 다시 올바른 발음을 기계에 가르친다.

이처럼 샘플과 대답의 '오차'를 여러 번 수정하는 과정을 전문가들은 '학습'이라 부른다. 그리고 기계에 의한 학습을 통해 관계성이 강한 관계 사이에는 신경이 두텁게 연결되게끔 정보의 도로(bypass)가 뚫린다. 즉 많은 신경이 연결된 두터운 정도를, 말하자면 학습을 통해 미세 조정함으로써 상호 관계성의 강약을 재현한다. 예로 들었던 발음 소프트웨어로 치면 학습을 반복하는 사이에 뉴럴 네트워크 안에서는 'cat'을 입력하면 'kæt', 'dog'를 입력하면 'dɔ́ːg'라고 정확하게 발음할 수 있도록 신경이 두텁게 이어진다.

이런 뉴럴 네트워크가 복잡하게 다층화해간다면 인간의 직감으로는 전혀 관계가 없어 보이던 것들 사이에서도 사실 깊은 관계가 있었다는 점을 알게 된다.

2016년 8월 IBM사의 인공지능 '왓슨'이 기존에 치료 결과가 좋지 않았던 백혈병에 걸린 60대 여성의 유전자 정보를 분석했다는 보도가 있었다. 그리고 분석한 지 고작 10분 만에 왓슨은 여성의 병이 백혈병 중에서도 특수한 유형임을 간파해냈다. 결과에 따라 치료 약을 바꾸었더니 여성 환자는 몇 개월 만에 회복해서 퇴원했다고 한다.

다시 말해 전문의도 알아차리지 못한, 혹은 간과할 뻔한 것을 왓슨은 짧은 시간에 알아낼 수 있었던 셈이다. 그야말로 향후 전망을 활짝 열어준 훌륭한 사례다. 왓슨은 2,000만 건이나 되는 의료 논문과 1,500만 건이나 되는 의약품 관련 정보를 기억했다고 하는데, 이처럼 방대한 정보를 다층화하는 기계 학습을 '심층 학습(딥 러닝)'이라고 부른다.

심층 학습과 같은 기계 학습의 혁신도 최근 몇 년 인공지능 연구가 비약했던 중요한 원인 중 하나다. 그런데 뉴럴 네트워크 연구가 1950년대부터 시작되었는데도 눈부신 성과를 내기까지 왜 이렇게 오랜 시간이 걸렸을까?

내가 뉴럴 네트워크를 처음으로 알게 된 것은 벌써 30년 정도 전의 일이다. 서점의 과학책 코너에서 때마침 뉴럴 네트워크에 관한 교과서를 발견한 것이 계기였는데, 역시 그 무렵에도 세간의 주목은 거의 받지 못했다.

실제로 직접 간단한 프로그램을 짜 보니 상당히 흥미로웠음에도 뉴럴 네트워크가 주목받지 못했던 이유는 실로 명쾌하다. 현실적으로 장난감 같은 단순한 수준으로밖에 만들 수 없었기 때문이다.

그렇다고 뉴럴 네트워크의 원리가 결코 잘못되었던 것은 아니다. 최대의 난관은 바로 '계산 능력'의 부족이었다. 바로 앞서 설명한 과거 인공지능 연구의 유행이 좌절된 커다란 이유다.

굳이 비유를 들자면, 무거운 화물을 효율적으로 운반할 수 있는 자동차인 트럭이라는 콘셉트는 있었지만, 목적에 맞는 강한 힘을 출력해 줄 엔진이 없었던 것에 가깝다. 30년 전에는 당시 슈퍼컴퓨터급이라고 해도 복잡한 두뇌의 신경망을 모방하기에는 한참 미치지 못했다. 하물며 개인 소유의 컴퓨터 수준으로는 구멍이 숭숭 뚫린 신경망밖에 구축할 수 없어서 'cat'을 입력하면 'kæt'이라고 답하는 정도밖에 하지 못했다.

그러나 컴퓨터는 급속도로 진화한다. '집적회로(IC)의 성능은 18개월마다 2배 증가한다'는 무어의 법칙을 잘 알 텐데, 컴퓨터의 핵심이 되는 IC의 집적도는 거의 이 법칙대로 계속해서 향상되고 있다.

최근에는 무어의 법칙도 슬슬 한계가 온 것이 아닌가 하는 조심스러운 의견도 제기되었다. 여하튼 IC의 성능 향상이 가져온 컴퓨터의 높은 계산 능력을 통해 복잡한 뉴럴 네트워크를 구축할 수 있게 되었으며, 심층 학습처럼 이를 단련하기 위한 기계학습 방법도 다듬어져 뚜렷하게 발전했다.

과학기술의 향상에서 계산 능력이 얼마나 중요한지를 일깨워준다.

양자컴퓨터의
차원이 다른 계산 능력

앞에서 무어의 법칙이 슬슬 한계를 맞이할지도 모른다고 말했다. 지금까지 IC의 성능은 기본적으로 배선의 미세함과 같은 제조 가공 기술에 뒷받침되어왔다. 수만 개, 수억 개로 개수는 훨씬 늘어났지만, 트랜지스터 등의 반도체를 여러 개 나열하는 기본 구조는 그다지 달라지지 않았다.

그리고 현재 트랜지스터 1개의 폭은 최소 14나노미터(1나노미터는 10억 분의 1미터)로 엄청나게 초극소화했다. 이 정도 수준이라면 역시 슬슬 물리적으로나 공학적으로도 한계를 맞이할 것 같다.

그런데 여기에 '양자컴퓨터'라는 차세대 컴퓨터가 나타났다. 양자컴퓨터의 연구는 1980년대부터 세계 각지에서 진행되었는데, 2011년에 캐나다 벤처 기업인 D-WAVE 사가 전격적으로 양자컴퓨터를 상용화했으며 항공기 우주 산업 제조사인 록히드 마틴이 이를 도입했다. NASA와 구글도 2013년에 잇달아 양자컴퓨터 도입을 발표하면서 세상을 놀라게 했다.

양자컴퓨터는 원리 면에서 기존 컴퓨터와 비교했을 때, 그야말로 차원이 다른 계산 속도를 실현할 수 있다. 중국의 '선웨이·타이후즈광'과 '톈허 2호', 미국의 '타이탄'과 '세콰이어', 그리고 일본의 'K 컴퓨터' 등 전 세계 슈퍼컴퓨터의 1등 지위를 노리며 서로 세력을 다투던 '계산 능력'의 세력 지도가 양자컴퓨터의 등장으로 재편될 상황에 놓였다.

일본이 자랑하는 'K 컴퓨터'는 기상 시뮬레이션에서 신약 개발까지 방대한 계산이 필요한 업무를 현재 세계에서 가장 빠른 속도로 소화해내고 있다. 크기는 체육관 정도에 달하며 일반 가정 2만 5,000가구분에 해당하는 상당한 양의 전력을 소비한다.

무어의 법칙이 계속된다면 앞으로 10년 지났을 때는 K 컴퓨터도 현재의 일반 컴퓨터와 비슷한 크기가 되고 전력 소비도 줄어들어 누구나 '마이컴'이 아닌 '마이 K'로 업무를 보게 될지도 모른다.

그러나 처음부터 에너지 절약 기술을 도입한 양자컴퓨터는 거대한 장치도 전혀 필요하지 않으며 훨씬 높은 계산 능력을 발휘할 수 있다.

사물을 작게 분해하면
마지막에 양자가 된다

그런데 양자컴퓨터의 우수성을 논하기 전에 중요한 문제가 하나 있다. 여전히 양자를 수수께끼처럼 생각하는 사람이 많을 것이다.

무리도 아니다. 나 역시 대학원에서 소립자론 연구까지 했지만, 양자를 확 와닿게 이해하지는 못했다. 그저 '그런 것'이라고 익숙해졌을 뿐이다. 나뿐만 아니라 양자역학의 창시자인 에어빈 슈뢰딩거 박사(1887~1961)조차 양자에 관해 오해했던 점이 있을 정도다. 애초에 일상생활에서 우리가 양자의 성질을 직접 접할 일도 없거니와 그걸 알아차릴 일도 없다.

다만 이 세상에 있는 모든 사물을 작게 분해하다 보면 마지막에는 양자가 된다는 점은 알아두었으면 한다. 양자(量子)에서 '자(子)'는 최소, '양(量)'은 에너지 혹은 운동량이라는 의미다. 원자를 구성하는 양자(陽子), 중성자, 전자를 비롯해 광자와 소립자도 양자다. 우리 주변에 있는 돌멩이, 컵, 우리의 신체, 나아가 지구까지 결국 모든 것은 양자로 이루어져 있다. 따라서 대략 양자란 '이 세계를 구성하는 가장 작은 알맹이 같은 것'이라고 이해하면 좋겠다.

이렇게 극소의 알맹이인 양자를 어떻게 이용하면 계산기의 칩으로 작동시킬 수 있는지가 의문일 것이다. 다만 깊게 들어가면 이 이야기만 해도 가볍게 책 한 권 분량 이상의 해설이 필요해지니 여기서는 과감하게 생략함을 양해 바란다.

중요한 것은 이런 마이크로 세계에서는 우리의 실제 느낌과는 전혀 다른 힘이 작용하며, 양자는 미세한 '알맹이(입자)'이자 '파동'이라는 점이다. 고등학교 물리 시간에 '빛은 파동이면서 입자다'라는 내용을 배웠을 텐데 기본적으로 같다. 분명 이해하기 어려울 것 같으니 여기서는 과감하게 일단 양자란 그런 것이라고 하고 넘어가자.

여기에서 핵심은 양자가 파동의 성질도 갖고 있으므로 '중첩'이 가능하다는 점이다. 만약 알맹이와 알맹이의 성질이라면 서로 부딪치니 중첩될 수 없다. 중첩 현상은 예컨대 욕조 안에서 오른손과 왼손으로 각각 파동을 만들었을 때 좌우에서 오는 파동이 겹쳐지며 큰 파동이 만들어지는 현상을 통해 이해할 수 있다.

다만 양자의 중첩은 욕조 속 파동과는 달리 우리 눈앞에 있는 3차원 공간이 아니라, 극히 추상적이고도 수학적인 '힐베르트 공간(수학자 힐베르트가 적분방정식의 이론에 응용하기 위해 도입한 새로운 개념으로, n차원(복소) 벡터공간을 무한차원 공간으로 확장한 것이다. 힐베르트 공간의 이론은 양자역학에서 불가결하다 −옮긴이)'이라는 세계에서 이루어지는데…. 아니, 여기서 더 이해하라고 하면 안 될 것 같다. 다만 그런 3차원적 이미지로는 더 이해할 수 없다는 점만 알아두기 바란다.

아무튼 양자컴퓨터의 핵심은 '중첩'이라는 이야기로 다시 돌아간다. 기존 컴퓨터가 0과 1을 나열해서 계산하는 이진법의 세계로 구성되어 있고, 그것이 논리적 사고와 연산과도 일치한다는 이야기는 이미 2장에서도 살펴보았다.

예를 들어 가령 세 자리 이진수의 가짓수는 2의 3제곱이므로,

'000 001 010 011 100 101 110 111'

위와 같이 여덟 가지 가능성이 있다.

현재 컴퓨터로 위 여덟 가지 가능성 중에 정답을 고르려면 000부터 111까지 여덟 가지 가능성을 순서대로 전부 샅샅이 탐색해서 해답을 구하는 수밖에 없다.

그런데 양자컴퓨터는 중첩이라는 양자의 성질을 활용해 0과 1의 값을 '동시에' 얻을 수 있으므로 여덟 가지 가능성을 한꺼번에 탐색할 수 있다. 즉 기존 컴퓨터 여덟 대를 병렬로 연결하여 계산한 것과 같은 속도로 해답을 구할 수 있다는 뜻이다. 물론 2의 3제곱처럼 작은 수가 아니라 자릿수가 더 늘어난다 해도 양자컴퓨터는 거의 같은 속도로 계산할 수 있다. 기존 컴퓨터로 계산하려면 수만 대나 되는 컴퓨터를 병렬 작동해야 하니 과연 중첩의 힘이란 대단하다.

그러나 현재의 양자컴퓨터가 실제 어느 정도의 성능을 발휘하는 지는 사실 분명하지 않다. 앞서 소개한 D-WAVE사의 양자컴퓨터는 기존 양자컴퓨터 연구의 주류였던 방식과는 다른 '양자 가열 냉각법 (annealing)'을 활용했는데, 애초에는 "그게 정말로 양자컴퓨터 맞아?" 라는 것이 과학자들의 전형적인 반응이었다.

하지만 높은 계산 능력이 필요한 항공 우주 산업에서 위력을 발휘 하지 못했다면, 록히드 마틴사가 도입했을 리도 없다. 더욱이 2013년 에 NASA와 구글 등이 공동으로 D-WAVE사의 양자컴퓨터를 도입하 고 '양자 인공지능 연구소'를 설립한 무렵부터 양자컴퓨터의 선진성 을 뒷받침하는 신뢰 있는 조사 논문이 〈네이처〉 같은 유명 과학지에 발표되었다. 그에 따라 과학자들도 "설마, 진짜였어?" 하고 생각을 바 꾸기 시작했다는 경위가 있다.

D-WAVE사가 채용한 '양자 가열 냉각법'이란 도쿄공업대학교의 니시모리 히데토시 교수와 당시 대학원생이었던 가도와키 다다시 씨 가 1998년에 세계 최초로 발견(발명)한 이론이다.

글자 그대로 세상을 바꿀 계산 능력의 기초를 이론적으로 확립한 사람은 일본인이었다. 하지만 정작 이론을 기초로 양자컴퓨터를 실용 화한 쪽은 캐나다의 벤처 기업었다는 사실과, 성과의 도입을 재빨리 단행한 쪽이 미국의 대기업이나 NASA였다는 사실은 역시 일본의 미 래를 생각할 때 간과할 수 없는 문제다.

일본인이 모처럼 기초 이론을 확인했는데도 같은 자리에 있던 일본 대기업은 단 한 곳도 양자 가열 냉각법을 실용화하지 못했다. 물론 이런 새로운 개념을 실용화하기에는 기존의 대기업이 아닌 벤처 기업이 적절할 수 있었겠지만, 그마저도 일본이 아닌 캐나다였다.

최적화의
위력

아쉬운 이야기는 이쯤에서 마무리하기로 하고, 원래 주제인 '양자 가열 냉각법'으로 돌아가자. 이름부터가 복잡한 '가열 냉각'이란 금속 가공에서 사용되는 기법의 하나인데, 철 등을 고온으로 가열했다가 천천히 냉각하면 분자가 깔끔하게 재배치되면서 금 간 곳이 없어지고 단단해지는 방식을 말한다.

다시 말해 금속의 분자 구조가 가열 냉각 방식으로 최적화되는 것인데, 여기서 '최적화'라는 말이 중요한 키워드다. 금속 분자의 최적화와 비슷한 양자의 움직임을 이용한 것이 양자 가열 냉각법이며, 양자 컴퓨터의 특기가 바로 '최적화 문제'다.

최적화 문제라고 하니 다시 어려워지는데, 여러분은 '순회 판매원 문제'를 들어본 적이 있는가? 각지를 순회하면서 판매할 때 최단 경로를 산출해서 출장을 최적화하는 문제다. 언뜻 보면 단순한 조합 퍼즐 같지만, 사실 순회처가 하나 증가할 때마다 막대한 계산량이 발생한다.

예를 들어 판매원이 단 8개 도시를 순회하기만 해도 가능한 경로의 수는 2,520가지나 된다. 하지만 이 정도라면 여러분 주변에 있는 컴퓨터로도 충분히 경로의 길이를 계산하여 비교할 수 있는 수준이다.

하지만 순회하는 도시 수를 20개로 늘리면 경로의 조합 수는 약 6경 800조 가지로 뛰어오른다. 다만 슈퍼컴퓨터인 'K 컴퓨터'라면 이 최단 경로 개수를 단 6초 만에 계산할 수 있다고 하니 역시 대단하다.

그렇다면 이번에는 도시 수가 30개가 되었을 때 K 컴퓨터로 계산하면 도대체 어느 정도 시간이 걸릴까? K 컴퓨터라도 무려 '1,400만 년'이나 되는 시간이 걸린다.

그러나 양자 가열 냉각법에 의한 양자컴퓨터가 제 성능을 충분히 발휘할 수 있다면, 이처럼 막대한 계산량도 극히 단시간에 해결하는 것이 양자컴퓨터의 위력이다.

하지만 이런 극적인 계산 혁명이 언제 올지는 아직 알 수 없으며 현시점에서는 어디까지나 미래의 이야기라고밖에 할 수 없다. D-WAVE사의 양자컴퓨터도 여명기이기 때문에 계산 용량이 너무 적어 30개 도시의 순회 판매원 문제는 풀 수 없는 모양이다.

다만 최근 몇 년 사이에도 버전이 올라가면서 상당히 성능을 올렸다고 하니, 이런 유형의 양자컴퓨터는 머지않아 인류의 현안을 점차 해결할 것이다.

전문가들 사이에서는 양자 가열 냉각법의 양자컴퓨터는 최적화 문제에만 특화되어 있으며, 장래성이 있는 쪽은 역시 범용적인 계산이 가능한 양자 게이트 방식이 아닐까 하는 말도 나온다. 그러나 현실 문제의 대응이라는 관점에서 보면 이야기는 반대일지도 모른다. 인류가 직면한 수학 문제의 대부분은 최적화 문제이므로 이를 단시간에 풀 수 있는 장점은 헤아릴 수 없다.

예를 들어 압도적인 계산 능력을 바탕으로 도로 교통망을 최적화하는 방법을 찾아낸다면 전 세계의 교통 정체를 해소할 수 있다. 또는 단백질 구조 중에 어디를 조작해야 목표로 하는 특정 작용에 최적일지를 알 수 있다면, 신약 개발을 위한 연구 개발 기간은 비약적으로 단축될 것이다.

사실 인공지능의 기계 학습 역시, 수많은 사례 중에 그때그때 가장 적합한 패턴을 골라내는 최적화 문제를 푸는 기법의 한 가지나 다름없다. 양자 가열 냉각법의 양자컴퓨터가 인공지능을 천재에서 슈퍼 천재로 만들어내는 것도 꿈만은 아니다.

제대로 파악해서
잘 사용해야 할 대상

이번 장에서는 제4차 산업혁명부터 인공지능과 양자컴퓨터를 중심으로, 이런 최신 기술의 발전 방향성과 블랙박스라고도 할 수 있는 최신 기술에 친숙해지는 방법을 살펴봤다. 앞으로 일어나거나 이미 일어나는 변화는 정말로 엄청난 것이다.

우리 각자는 이런 변화에 어떻게 대응해야 할까?

결론적으로 말해서 인공지능이 할 수 있는 일에 관해 인간이 이기려 든다면, 그야말로 쓸데없는 저항이 될 것이다.

그렇다고 인간이 기계보다 못한 존재가 된다는 뜻은 절대 아니다. 젊은 세대 사람들은 와 닿지 않을 수도 있겠지만, 생각해보면 일반 사회의 계산 도구가 주판에서 전자계산기로 바뀌었던 1970년대 초반에는 아직 주판이나 암산으로 전자계산기를 능가하던 사람이 곳곳에 있었다. 그러나 컴퓨터가 가정까지 보급된 요즘에는 계산 능력에서 기계를 이겨보겠다는 사람은 찾아볼 수 없다.

마찬가지로 텔레비전 중계로 마라톤 경기를 보는데, 주자들끼리 겨루는 승부로 손에 땀을 쥘 때는 있어도 '주자를 앞서가는 오토바이나 자동차 쪽이 빠르잖아?' 하며 분하다고 생각하는 사람은 일단 없다.

즉 앞으로 일어날 일은 이미 인간이 걸어왔던 길이다. 인간만이 가능하다고 생각했던 것을 지금보다 더 기계가 매우 쉽게 재현한다고 생각하면 안타깝지만, 인공지능과 로봇에게 묘한 저항심을 불태워봤자 의미가 없다. 기존보다 훨씬 빠른 속도로, 더구나 많은 분야에서 인공지능과 로봇의 역할이 늘어났기 때문이다.

여기서 중요한 것은 자동차나 컴퓨터가 등장했을 때처럼, 새로운 기술에 대항하는 것이 아니라 그것을 능숙하게 다루겠다는 발상이다.

이번 장의 처음에서 살펴본 것처럼 지금까지 산업혁명도 총체적으로는 인류에 공헌해왔다. 다만 과거 산업혁명의 이행 과정에서 손해를 보거나 눈물을 흘리게 된 사람이 많이 있었듯이, 이제 막 시작된 제4차 산업혁명에서도 안타깝지만 비극은 분명히 있을 것이다.

따라서 조금이라도 손해를 피하면서 혁명의 열매를 크게 만들기 위해서라도 변화를 올바르게 이해해야 한다. 전문성이 높은 블랙박스라도 쓸데없이 겁내지 말고 그 속에 있는 본질이나 원리, 무엇이 급소이며 무엇이 이점인지 등을 제대로 파악해서 능숙하게 사용하겠다는 발상이 필요하다.

돌팔이 의사나 악덕 변호사를 떼어내고 명의사나 명변호사를 만나 그들에게 훌륭한 지혜와 훌륭한 대응을 얻으려면 상대방을 그저 맹목적으로 따르기만 해서는 안 되는 것과 마찬가지다. 수동적 태도만으로는 인공지능에서 유익한 반응을 얻어낼 수 없다.

　　블랙박스와 잘 지내는 방법은 지금도 사회인의 필수 기술이다. 인공지능 시대를 더욱 제대로 바라보면서, 앞으로 세상에 존재하는 다양한 블랙박스에 주눅 들지 말고 제대로 적극적으로 어울릴 준비를 해야하겠다.

거대과학이 지닌 함정

: 의심하는 힘을 기른다

5장

반드시
그 이면을 살펴본다

세계관이 바뀐다는 말은 사고나 생활이 '비약한다'는 뜻이다.

앞서 패러다임 전환에 관해서 살펴본 대로, 우리는 자기 안에 있는 상식에 풍파가 일어나는 상황을 보통은 좋아하지 않는다. 따라서 사람들 대부분은 모처럼 일어난 변혁을 무시하거나 부정하고 만다.

하지만 과학계에서 어떤 변혁이 일어났는지를 찬찬히 살펴보면 '머리에 쾅' 하고 오는 충격을 맛볼 수 있다. '그랬군. 그랬던 거였어!', '그거 엄청나잖아!' 같은 식으로 말이다.

이는 단순히 지식을 쌓는 데서 그치는 것이 아니라, 아인슈타인을 비롯한 노벨상급 과학자들이 더듬어왔던 사고 과정을 똑같이 따라서 체험해보는 것과 다름없다.

그런데 이상하게도 아무리 변혁의 내용을 올바르게 전한다 해도,

시종 교과서적 해설만 이어진다면 머리에 쾅 하고 오는 느낌이 어딘가에서 사라져버리고 만다. 나 또한 신경 써야 하는 점이라고 명심하는 부분인데, 이는 아마 스토리가 너무 깔끔해서 거짓말 같다고 느끼기 때문일 것이다. 천재가 됐든, 세기의 발명이 됐든, 반드시 그 '이면'을 함께 살펴보지 않으면 머리와 마음에 쾅 하는 충격은 오지 않는다.

그런 의미에서 이 책에서는 가끔 과학의 부정적 측면에도 시선을 돌렸다. 이 책을 마무리할 때쯤 과학의 어두운 부분을 더 파고들어 가 보고자 한다.

4장에서는 인공지능을 세상에 수없이 존재하는 블랙박스의 하나로서 살펴봤다. 그런데 블랙박스를 가진 자에게는 유리한 면이 있다. 상자 속의 동작은 자신밖에 모르니 있는 그대로 말하자면 꼼수가 가능하고 발각되기도 어렵다. 부정행위까지는 아니지만 가진 정보에 커다란 차이가 있다 보니 여러모로 상대방을 향해 세게 나가면서 주도권을 쥐기도 쉽다.

우리가 정치인, 고위 공직자, 변호사, 의사 같은 사람들이 저지르는 범죄나 잘못된 행동에 엄격한 것도 그들이 일반인의 관점에서 보면 블랙박스와 다름없는 고도의 정보나 전문성을 독점하기 때문이다. 세상의 신뢰를 배반하는 행위가 있다면, 강하게 비난받아 마땅하다.

그렇게 생각하면 문과를 자칭했던 우리 관점에서는 과학이야말로 블랙박스 그 자체가 아닌가 싶다. 아니, 그뿐만 아니라 과학기술 분야에서도 더욱 세분화한 전문화가 진척되고 있어서 '이것을 전문으로 연구하는 사람은 전국에서 한 명뿐'인 경우가 드물지 않다. 따라서 과학자나 기술자도 자신의 전문 분야가 아닌 연구 분야가 사실 블랙박스처럼 느껴지기는 마찬가지인 셈이다.

과학 분야의 부정행위는
발각되기 어렵다?

그렇다면 역시 다음과 같은 의문이 자연스럽게 나온다.

'역시 과학계는 부정을 저지르기는 쉽고 발각되기는 어려울까?'

과학계의 부정행위라고 했을 때 뇌리에 맨 먼저 떠오르는 것은 'STAP 세포 사건'이다. 2014년 1월 생물학상 획기적 발견으로 발표되면서 매우 주목받았지만 그 직후부터 각종 의혹이 제기됐고 최종적으로 해당 연구 논문이 부정이라고 인정된 사건이다. 우선 이 사건을 토대로 과학에 대한 의구심과 과학의 이면을 살펴보고자 한다.

여기서 STAP 세포의 메커니즘 같은 내용을 특별히 깊게 파고들지는 않겠다. 다만 최근 몇 년간 의학·생물 분야에서는 원래부터 다양한 종류의 세포로 분화할 수 있는 이른바 '줄기세포'에 대한 관심이 집중되었고, 연구 경쟁도 치열했다는 배경 정도는 확인해두기 바란다.

이 분야에서 최근에 가장 주목을 받은 연구는 나카야마 신야 교수가 노벨상을 받았던 iPS 세포(인공 다능성 줄기세포)다. iPS 세포의 발견은 충격적이었다. 생물의 체세포는 수정란에서 세포 분열을 반복한 결과로써 혈액 세포, 근육 세포, 신경 세포와 같은 식으로 여러 임무를 수행하도록 분화한다. 그런데 iPS 세포는 마치 시간을 거꾸로 돌리듯이 이론적으로는 모든 역할의 세포로 다시 분화할 수 있다. 단순히 생물학적으로 중요한 발견이 아니라 장기에 선천적인 질환이 있는 환자에 대한 '재생 의료'에도 크게 공헌할 수 있다고 기대되며, 해당 연구의 진전은 지금도 널리 관심을 끌고 있다.

그런데 STAP 세포는 iPS 세포를 뛰어넘는 대발견이라는 놀라움 속에 받아들여졌다. 이유를 굳이 추측하자면, STAP 세포는 '자극야기성 다능성 획득세포'라는 긴 이름대로 세포를 약산성 용액에 잠깐 담그는 단순한 자극만 주어도 다능성(=다른 세포로 분화할 수 있는 성질)을 갖는 줄기세포가 만들어진다고 했기 때문이다. iPS 세포가 생물학적으로 나름 복잡한 조작을 통해 간신히 만들어진다는 점을 고려한다면 '그렇게 간단한 방법으로 다능성을 획득할 수 있다니 대단하다!'라는 실로 꿈과 같은 이야기였다.

그런 만큼 원래였다면 해당 분야의 연구자들은 물론 신문사의 과학부 기자들도 '정말인가?' 하고 평소의 배 이상은 속아 넘어가지 않도록 신중했을 텐데, 연구를 발표한 곳은 세계적으로도 손꼽히는 일본의 과학 연구 기관 '이화학연구소(통칭: 리켄)'이었다.

언론 관계자를 다수 초청한 기자회견에서 연구의 발표자로 오보카타 하루코(당시 30세)라는 무명의 젊은 여성 연구원이 등장했다. 그리고 높은 실적을 쌓아온 저명한 전문가들이 공동 연구자로서 오보카타 씨를 지원했다. 게다가 해당 논문은 세계적으로 권위 있는 일류 과학지 〈네이처〉에 게재된다.

'이과 여성계의 샛별'이라는 화제성도 있고 권위적으로 뒷받침된 데다 노벨상을 받은 iPS 세포를 뛰어넘는 획기적 발견이었다. 이처럼 언론에서 쉽게 받아들일 만한 조건이 충족되어 있었다.

그러나 논문이 발표되고 얼마 지나지 않아 논문에 게재된 실험 이미지가 조작된 것이 아닌가 하는 의혹을 시작으로, STAP 논문의 고찰 자체에도 의문이 빗발치기 시작했다.

재현하지 못한다면
과학이 아니다

　나도 그때까지 이화학연구소의 뛰어난 많은 연구원을 실제로 만나 취재했던 경험이 있었기 때문에 '그래도 사소한 착오겠지!' 하며 솔직히 말해 처음에는 크게 문제가 될 것이라 생각하지 않았다. 하지만 점차 엄격한 의혹의 눈초리를 향할 수밖에 없었다.

　수많은 의혹 가운데 가장 주목했던 점은 언론에서 보도된 오보카타 씨의 성격이나 직장 내 인간관계 같은 부분이 아니라, '추시(追試)를 했음에도 논문대로 STAP 세포를 만들지 못했다'는 전문가들의 목소리였다.

　과학에서 '검증'이 중요하다는 점은 이미 설명했는데 바로 '추시'가 다름 아닌 검증이다. 알다시피 논문 작성자 이외의 제3자가 논문에 적힌 순서대로 실험해서 정말로 같은 결과가 나오는지 아닌지를 '똑

194

같이 따라서[追] 실험[試]'하는 것인데, 추시를 통해 '재현성'을 확인할 수 있다.

재현성 역시 과학의 기본적인 개념 중 하나다. 예를 들어 뉴턴의 역학 실험은 뉴턴뿐만 아니라 다른 누가 해도 똑같은 결과가 나왔기 때문에 다른 과학자도 개념을 이해할 수 있었다. 남이 재현하지 못하는데 뉴턴만 성공했다면 오히려 '속임수 아냐?' 하고 신뢰를 잃어버렸을 것이다. 아이가 투정 부리듯 '난 확실히 봤다고', '난 잘만 되던데' 하고 아무리 우겨봤자 일회성일 뿐 남이 그대로 재현하지 못한다면 과학이라 부를 수 없다.

논문 등에서 제시된 조건만 정당하게 충족한다면 누구나 같은 현상을 확인할 수 있고, 누구나 똑같이 세포를 제작할 수 있는 재현성이 중요하다는 뜻이다. STAP 세포 사건에서는 오보카타 씨의 "STAP 세포는 존재합니다!"라는 해명 기자회견 발언이 유명해졌다. 하지만 과학계에서는 제3자라도 재현할 수 있는 조건을 정확하게 논문에 제시하지 못하면 해당 연구는 '없는' 것과 마찬가지다.

과학적 실험에서는 사소한 오차나 논문에 기록하기가 모호한 실험 작업상의 요소가 영향을 끼쳐 실패할 때가 있다. 오보카타 씨는 이를 '본인만의 레시피'라고 표현했는데, 이른바 요령 비슷한 것은 분명 존재한다. 하지만 그렇게 많은 의혹이 제시되자 이화학연구소에서 시간을 들여 재현을 시도했음에도 STAP 세포를 누구도 제작하지 못했다.

오보카타 씨의 발언대로 STAP 세포 제작에 성공한 적이 있었다는 것이 사실이라 쳐도, 과학적 절차에 따라 이를 증명하지 못한다면, 우리는 그것이 '있다'고 인정할 수 없다.

세상에는 "나는 UFO를 봤다"라든지 "나는 외계인을 만났다"처럼 별안간 믿기 힘든 말을 하는 사람이 있다. 다만 과학자는 기본적으로 그런 말들을 '과학적이지 않다'며 애초에 상대하지 않는다. 과학자가 그 사람이 거짓말한다고 단정해서가 아니라, UFO나 외계인의 등장 같은 현상은 그것을 재현하거나 검증할 방법이 없기 때문에 상대하지 않는다.

즉 '진실이라고 할 이유가 없다'는 것이 과학적 입장이다. 모든 초자연적 현상에는 대체로 이런 재현성이 없다. 따라서 거짓말인지 진실인지를 따지기 이전에 기본적으로 과학의 연구 대상이 아니다.

세기의 발견을 초자연적 현상이나 다름없다고 하니 가혹하다고 생각하는 사람이 있을지도 모르겠다. 하지만 재현하지 못하는 이상, 그럼에도 STAP 세포를 계속 '있다'고 주장한다면 과학의 규칙을 전혀 따르지 않은 셈이다.

인간이라는
함정

만약 STAP 논문이 〈네이처〉라는 일류 과학지가 아니라 가령 영세한 대학의 연구 간행물에 작게 실렸다면 어땠을까? 아마 학계에서 주목받을 일 없이 '어차피 논문 편수 올리기겠지' 같은 식으로 전혀 신경 쓰지 않고 무시했을 것이다.

사실 논문 부정은 생물·의료 분야에서 비교적 많은데, 아무래도 검증에 관한 문제 때문일 것이다. 왜냐하면 추시를 하고 싶어도 다른 분야보다 작업이 상당히 번거롭기 때문이다. 똑같은 조건의 세포를 준비하는 것도 무척 어렵고, 앞서 설명했듯이 실험 순서의 사소한 착오로 잘 진행되지 않을 때도 있다.

게다가 애초에 연구자들의 관심이 매우 폭넓기 때문에 굳이 시간을 들여 남의 학설까지 확인해볼 생각을 못한다. 그 때문에 남에게 논문 내용을 엄격하게 검증받을 일이 없겠지 하며 논문을 적당히 작성하고, 나아가 데이터를 형편에 맞게 날조하는 부정을 저지르는 구조마저 생겨났다.

이는 분명 일반 사회에서도 마찬가지다. 사실 부정은 '전문성은 높지만, 조직 내에서는 관심이 낮은 업무'에서 일어날 때가 많다. 게다가 사소한 영수증 처리 같은 경우 정당한 절차를 생략하는 정도의 일은 여러분도 경험해봤을 수 있다.

원인은 영수증의 배경을 아는 사람이 극소수 인원뿐이라는 일종의 전문성과 '어차피 소액인데' 하며 중요성이 낮다고 인식하는 데 있다. 영수증을 확인하는 사람도 번거롭다 보니 '진짜 급한 건이에요!'라고 부탁하면 '검증'을 생략하고 '별수 없지' 하며 도장을 찍어주는 식이다.

그러나 STAP 세포는 주목받는 줄기세포 분야에서 놀랄 만한 발견이었고 논문도 일류 과학지에 게재되었다. 검증되지 않을 이유가 없었다. 전문가 사이에서도 '재현성이 없다면 발각되는 건 시간문제인데…'라며 이상하게 여겼다. 어떤 의미에서는 바로 이 대목이 이번 사건에 남겨진 최대의 수수께끼다.

결과적으로 보면 STAP 세포 사건에는 실로 정서적이며 매우 사람 냄새 나는 배경이 있었다는 사실을 알 수 있다.

STAP 사건의 진상을 둘러싸고 아직 뜨거운 쟁점이었을 때, 나는 많은 연구자에게 몇몇 의견이나 견해를 들었다. 그런데 오보카타 씨와 업무상 관계가 가까운 사람일수록, 또는 전문 분야가 비슷한 사람일수록 끝까지 STAP 논문을 믿었다는 인상을 받았다. 반면에 같은 이화학 연구소 직원이라도 조금 떨어진 입장이나 연구 분야에 종사하는 사람은 "그게 가능할 리가 없잖아?"라며 상당히 일찍부터 엄격한 견해를 갖고 있었다.

다시 말해 역시 기존의 과학 연구 방식과는 별개로 인적 관계나 심정적 측면, 또는 조직 형편 등에 따라 많은 것이 작동하여 평가되었다는 뜻이다. 이미 여기저기서 들었겠지만, 과학계는 성선설이 만연해 있기 때문에 일부러 수고를 들여서 부정을 저지르는 사람이 있다고 전제하지 않는다.

연구자 세계도 사람 사는 세계라는 말은 이미 익히 들어 진부하게 느껴질 수도 있겠다. 연구 프로젝트가 커진다고 해서 연구에 종사하는 사람이 늘어나거나 어떤 연구가 잘 진행되지 않는다고 해서 곧바로 팀을 해산하고 멤버를 해고할 수는 없다. 다만 연구팀을 지키고 싶고, 조직을 키우고 싶고, 이를 위한 예산을 원하고, 예산을 얻을 수 있는 화려한 실적을 원한다는 조직의 사정이 개입된다. 분명 이런 점이 사건 발생뿐만 아니라 사후 대응까지 혼란스럽게 한다.

이 사건에 대한 사회적 관심과 비난의 목소리가 컸던 이유는 아무래도 일반인의 입장에서 과학은 블랙박스라고 할 수 있는데 그것을 다루는 연구자에 대한 신뢰가 배반당했다는 반응 때문이었다고 본다.

그러나 부정을 저지르는 쪽은 어디까지나 '사람'이지 과학 연구 자체가 부정을 저지르지는 않는다. 악덕 변호사가 법률을 악용했다고 해서 법률 자체를 나쁘다고 할 수 없는 것과 마찬가지다. 이를 정확히 구별하는 것이 이과 센스를 얻는 데 중요한 사항임을 강조해두고 싶다.

과학계는 역시 부정을 저지르기는 쉽고 발각되기는 어려울까?

다시 처음 질문으로 돌아가보면, 전문성이 높기 때문에 부정을 저지르기 쉽다는 의미에서 전자의 답은 '그렇다'다. 다만 과학에는 검증이라는 과정이 있으므로, 후자의 경우 부정이 발각되기 어렵다는 측면에 대해서라면 답은 '아니다'다. 과학에 검증이라는 과정이 있는 한 일시적 부정이나 착오는 있을지라도 그것이 계속 버젓이 통용되지는 않는다.

그런 이유로 나는 사회의 수많은 블랙박스 중에서는 오히려 과학 분야가 비교적 부정이 적다고 생각한다. 과학 작가의 편애라면 편애랄까?

과학이
거대해진 이유

그런데 과학을 블랙박스라고 볼 때, 과학계의 외부에 있는 사람들 입장에서는 '부정은 없는가?'라는 점과 마찬가지로 '정말로 도움이 되는가?'라는 점도 매우 신경 쓰이는 대목이다. 특히나 요즘처럼 대형 연구 프로젝트가 많아지면, '정말로 투자한 금액에 걸맞은 성과가 나올까?' 하는 의구심이 생겨나기 마련이다.

엄청나게 규모가 큰 회사를 빅 컴퍼니(big company)라 하고 어떤 분야에서 이름이 널리 알려진 사람을 빅 네임(big name)이라 한다. 이와 마찬가지로 과학에도 이른바 '주목받는 커다란 과학'이 있는데, 이를 빅 사이언스(big science), 즉 '거대과학'이라 부른다. 거액의 예산, 많은 연구자와 기술자, 거대한 실험 시설과 관측 시설 등으로 특징지어지는 과학 연구를 뜻하는 말로, 최근 십수 년 동안만 해도 현대 과학은 급속도로 거대과학화되고 있다.

'과학은 어째서 거대해졌을까?'

거대한 관측 장치라고 하면 천문대의 망원경 같은 것이 쉽게 떠오른다. 현대의 가장 큰 천체 망원경은 미국 하와이 마우나케아산 정상에 건설하는 '30미터 망원경(TMT, Thirty Meter Telescope)'이다. 이름대로 지름이 30미터나 되고 총공사비도 1,500억 엔이나 되는 거액이다. 운영 주체는 글로벌하게 미국 · 중국 · 일본 · 캐나다 · 인도 5개국이 공동이다. 참고로 일본은 총공사비의 25퍼센트를 부담한다.

정말 그야말로 거대과학이다. 하지만 이렇게 거대한 망원경으로 인류가 대체 무엇을 보려고 하는 것인지가 문제다. TMT가 갈릴레오나 뉴턴의 발견에 필적하는 패러다임 전환이나 브레이크 스루를 초래할 수 있을까?

물론 기대되는 면은 있다. 탄생한 지 얼마 안 된 우주의 모습, 블랙홀, 별로 빛나는 단계까지 성장하지 못한 갈색왜성, 그리고 지구와 태양 거리의 200억 배나 멀리 떨어진 외부행성 등까지 관측 대상이 된다고 하니 놀랍다. 혹시나 지구 이외의 문명을 발견할 수도 있겠다.

하지만 거대과학의 전형인 TMT는 총공사비 1,500억 엔이 들 뿐아니라 유지비도 연간 10억 엔가량 들어갈 것이라 한다. 예산 규모는 물론이거니와 해당 프로젝트의 전임 과학자나 기술자, 사무직원만 해도 수십 명에 달하며 협력 관계자를 포함하면 금세 수백 명 규모가 된다. 완성된 망원경은 전 세계 천문학자가 공동 이용하는 등 TMT의 인적 네트워크는 방대하다.

좋든 싫든 이렇게 거액의 자금과 거대한 체제를 조직하지 않으면, 새로운 발명이나 발견에 도달하려야 도달할 수 없는 것이 현대 과학의 특징이다.

그러나 17세기 초반에 갈릴레오가 밤하늘의 별을 보는 데 사용했던 망원경은 지금 기준으로 보면 정말 보잘것없는 물건이다. 이탈리아 피렌체에 위치한 갈릴레오 박물관(옛 과학사 연구소 박물관)에는 갈릴레오가 직접 만들었던 망원경이 아직 두 대 소장되어 있는데, 각 렌즈의 지름은 26밀리미터와 16밀리미터다. 고작 TMT의 1,000분의 1 이하다. 배율은 14배와 20배로, 성능만 놓고 보면 여러분이 스포츠를 관전할 때 쓰는 쌍안경과 거의 차이가 없다.

갈릴레오의 망원경은 볼록 렌즈와 오목 렌즈를 한 장씩 조합한 간단한 구조다. 요즘 재료로 치면 돋보기, 판지로 된 원통, 작은 유리컵(바닥 부분이 오목형인 것)을 조립했을 뿐이다. 다시 말해 초등학생 여름방학 숙제 수준이다. 재료비도 고작 몇천 엔 정도다.

물론 당시에는 제작비가 더 들어갔을 것이다. 이 비용을 지금 정확하게 추정할 수는 없지만, 몇 년 전에 18만 엔 정도 가격에 정교한 복제품이 발매된 적이 있다. 같은 가격이라고 가정하고 더욱 계산하기 쉽게 어림잡아 당시 제작비를 대당 20만 엔이었다고 치자.

갈릴레오는 불과 3개월 사이에 망원경을 100대 정도 만들었다고 한다. 그렇게 계산하면 갈릴레오가 추진한 일련의 '망원경 프로젝트'

에는 모두 2,000만 엔이 들어가는 셈이다. 다만 망원경 자체가 발명된 지 얼마 안 되었고, 전부 수작업으로 만드는 시대였기 때문에 달의 크레이터나 목성의 위성 관측 등에 쓸 만했던 것은 100대 중 몇 대에 불과했을 것이다.

여러분의 생각은 어떤가? 저렴하지는 않지만, 개인이라도 다소 무리한다면 어떻게든 가능할 법도 하다. 더구나 갈릴레오에게는 토스카나 대공이라는 든든한 후원자가 있었기 때문에 이 정도 연구비는 어렵지 않게 마련할 수 있었다. 즉 근대 과학의 여명기에는 갈릴레오처럼 동시대에 명성이 있던 대과학자라도 연구 규모는 그야말로 작은 개인 수준에 불과했다.

국가 원조가 불러온
파급효과

그런데 과학의 근대화가 진행되면서 실험 규모가 커짐에 따라 연구비 역시 불어난다. 과학이 더욱 근대화해가는 과정과 함께 18세기부터 19세기에 걸쳐 서양에서는 국민국가 형성과 중상주의가 진행되었고, 국가나 자본가는 과학이 경제적 성과나 무기 개발 등에 기여할 것이라 기대하며 과학 연구를 원조했다.

국가 원조를 받음으로써 비교적 이른 시기에 매우 큰 파급 효과를 발휘한 좋은 예로 전자기학이 있다. 인류는 태곳적부터 주위의 정전기와 자석이라는 존재를 통해 전기나 자기의 성질을 알고 있기는 했다. 그런데 자기장을 변화시켰을 때 전류가 발생하는 현상을 최초로 발견한 사람은 영국의 과학자 마이클 패러데이(1791~1867)였다.

전자기학의 선구자적 역할을 했던 패러데이가 영국 정부에서 원조를 이끌어낼 때 유명한 에피소드가 있다. 영국 왕실 공인 과학자 단체인 왕립 협회의 회원이기도 했던 패러데이는 언젠가 각계의 주요 인사를 초청해 공개 실험을 했는데, 참석자 중에는 영국사에 남을 대정치가이자 당시 재무대신이었던 글래드스턴이 있었다. 두 사람은 이런 대화를 주고받았다고 한다.

"실로 대단한 실험이었소. 그런데 이게 대체 무슨 도움이 된다는 거요?"

"지금은 저도 잘 모르겠습니다. 하지만 언젠가 이 연구를 통해 세금을 걷어내실 수 있을 겁니다."

글래드스턴은 실험 자체에는 그다지 관심을 보이지 않았던 것 같지만, 패러데이의 말에 마음이 움직였는지 정부의 원조를 약속했다고 전해진다.

패러데이의 예언은 멋지게 적중했다. 왜냐하면 전자기학은 증기터빈에 의한 발전, 모터, 유선 통신, 무선 통신, 그리고 현대의 수많은 전자 기기와 인터넷까지 인류 기술의 상당 부분을 지탱했다고 해도 과언이 아니기 때문이다. 파급 효과가 너무나도 커서 전 세계의 정부가 전자기학 관련 산업에서 어느 정도의 세금을 걷는지 정확하게 계산할 수는 없다. 적어도 비용 대비 효과를 운운할 만큼 편협한 수준이 아니라는 점은 분명하다.

전자기학은 그야말로 현대 문명의 주춧돌이 되었는데, 여기서 중요한 대목은 전자기학의 여명기에 재무대신은 물론 패러데이 본인조차 무슨 도움이 될지 모르는 연구였음에도 당시 영국 정부는 거기에 국가 예산을 투입했다는 사실이다.

패러데이의 연구에 대해 정부가 '무슨 도움이 될지 모르니 연구 예산은 배정해줄 수 없다'고 거절했다면 어떻게 되었을까? 어쩌면 몇 년 후에 다른 나라 물리학자가 먼저 연구함으로써, 그 나라가 영국을 대신해 당시의 국제적 패권을 쥐게 되었을 것이 틀림없다.

거대과학은
현대의 숙명이다

하지만 "우주 개발 같은 것은 연구에 싹이 튼다 해도 상당히 먼 미래의 이야기가 되겠지요?" 하는 지적도 있을 법하다. 실제로 우주 과학자가 연구 목적에 대한 질문을 받았을 때 '우주의 낭만' 운운하는 이유는, 그것이 본심이기도 하지만 딱히 내세울 만한 구체적 이익이 현재로선 없기 때문이기도 하다.

그러나 초기의 우주 개발은 냉전 하에서 미국과 구소련의 선봉 다툼으로 얼룩졌던 사실에서 알 수 있듯이, 명확하게 군사 기술이라는 목적이 있었다. 특히 군사용 미사일 기술과 우주 개발용 로켓 기술은 현재까지도 본질적으로는 같은 것이다.

치열한 개발 경쟁에서 나치 독일이 남겨놓은 선물인 V-2 로켓은 액체 연료식 로켓의 선구자 격이다. V-2 개발에서 중책을 맡았던 베르너 폰 브라운(1912~1977)은 나치 당원이자 친위대 소령이라는 계급도 갖고 있었는데, 한편으로 전쟁 무기보다 '우주여행'을 고집했던 탓에 게슈타포(나치 비밀경찰)에 체포당한 경력도 있는 인물이다. 그야말로 우주에 계속 낭만을 계속 품었던 셈이다.

전쟁 후 미국 정부는 폰 브라운이 이끄는 V-2 로켓 개발팀 과학자들을 통째로 스카우트했다. 미국으로 이주한 과학자들은 계속해서 V-2의 후속기 개발에 투입되었는데, 그들이 이룩한 최대의 연구 성과는 1969년에 처음으로 달 표면에 도착한 유인 우주선 아폴로 11호를 달로 가는 착륙 궤도까지 쏘아 올린 새턴 V 로켓이다.

아폴로 계획에 들어간 비용은 당시 액면가로도 200억 달러 이상이다. 현재의 화폐 가치로 환산하면 자그마치 10조 엔 규모다. 그야말로 초거대과학이었다는 사실을 알 수 있다.

아폴로 계획은 총 12명의 우주 비행사를 달 표면에 보냈다. 이렇게 들어간 엄청난 금액이 단지 그것만을 위해 지급되었다고 생각해서는 안 된다. 달 도착이라는 위업 외에 어떤 파급 효과가 있었는지가 중요하다. 우주 개발의 전반적인 파급 효과를 살펴보면 개량형 태양 전지 패널, 이식형 심장 모니터, 레이저에 의한 암 치료, 제트 엔진의 경량 내열 합금 터빈, 소형화 정수 장치, GPS에 의한 범지구적 수색 구난 시스템, 전자레인지 관련 기술 등 일일이 손에 꼽을 수 없다.

아폴로 계획으로 인해 미국의 물리·수학·공학계 박사 학위 취득자 수가 투자 금액에 비례해 증가했다는 사실이 잘 알려져 있다. 게다가 텔레비전으로 달 표면 착륙 순간을 보며 과학자를 꿈꾸게 된 아이들이 적지 않았고, 개발 현장에서 필요한 기술자 수도 늘어났다. 요컨대 아폴로 계획은 국민의 사기를 북돋웠을 뿐 아니라 미국의 과학기술력을 전반적으로 끌어올렸다.

지금까지 이야기를 정리해보자. 과학기술이 곧장 뭔가 돈벌이로 이어지지는 않지만, 장기적으로는 과학기술의 최첨단에 나섰던 국가가 군사력이나 경제력으로 우위에 섰다. 따라서 이를 내다보고 지금도 많은 국가가 거액의 세금을 투입해가며 거대과학을 추진하는 기본 구조가 생겨났다는 의미다.

3장에서 다룬 브레이크 스루와 연결해서 말하자면, 거대과학이란 풍부한 자금으로 연구를 뒷받침함으로써 브레이크 스루를 연속해서 실현하는 것을 목표로 하는 체제를 만드는 것이다. 브레이크 스루가 끊어지지 않는 이상 연구에 투입되는 인원이나 예산은 계속 거대해진다.

각국의 재정 부처는 꺼릴지도 모르겠지만, 이와 같은 거대과학의 구조는 이제 현대 사회의 숙명이 되었다.

무엇이 투자이고
무엇이 실패인가

한편 국가 예산을 투입한 연구가 결실을 보지 못할 때도 당연히 있다. 하물며 사전에 과학기술 연구가 쓸데없는지 아닌지를 판단하기란 매우 어렵다. 일반적으로 말하자면, 금세 도움이 되는 것일수록 금세 쓸모없어지게 될 때도 있지 않던가.

무엇이 과학에 대한 정당한 투자이고 무엇이 실패일까?

이 문제를 생각할 때 우리가 먼저 논의해야 할 것은 일본인 입장에서 매우 관심이 높았음에도 성과를 내지 못한 채 끝나버린 '지진 예보'다.

하지만 방재 관련 연구는 인명과 관련된 점이 크기 때문에 정서적인 면을 완전히 무시하는 것은 오히려 합리적이지 않다. 이미 알다시피 비용 대비 효과를 평가하기가 매우 어렵기도 하다. 지진 발생 이론과 지진 관측 기술 분야에서 패러다임 전환과 브레이크 스루가 언제 일어날지는 당연히 알 수 없다. 그 때문에 기대를 걸고 연구비용을 투자하는 일 자체를 부정적으로 생각해 비판할 수만도 없다.

그럼에도 '어째서 헛돈을 쏟아부었는가?'라는 관점에서 예보의 역사를 되짚어보는 데는 의의가 있다고 본다.

우선 지진 예보가 '언제' 어떠한 '경위'로 시작되었는지를 살펴보자.

지진 예보의 과학적 시도로 세계에서 처음으로 큰 주목을 받게 된 계기는 '파크필드 지진'이다. 미국 캘리포니아주에 있는 파크필드는, 미국 서해안을 따라 남북으로 장대하게 1,300킬로미터에 걸쳐 지표면에 선명하게 뻗어 있는 유명한 '샌안드레아스 단층'의 거의 중앙부에 위치한 작은 마을이다.

파크필드에서는 규모 6 정도의 지진이 자주 있었는데, 기록으로 확인되는 것만 해도 1857년, 1881년, 1901년, 1922년, 1934년, 1966년에 발생했다. 그래서 이 지역의 지진 '주기'가 대략 20년이 아닐까 하는 과학 논문이 1980년 전후에 잇달아 발표되면서, 다음 지진은 '1988년±7년' 사이에 올 것이라고 예측했다.

여기에 대응하기 위해 미국 정부와 캘리포니아주 지질 조사소 및 대학이 연계하여 각종 지진계, 지하수 관측계, GPS 등의 관측망을 조기에 정비했다. 그러나 1988년이 왔고 7년이 더 지났음에도 지진은 오지 않았다.

'도대체 왜일까?'

연필이나 나무젓가락에 꺾으려는 힘을 점차 가하면 언젠가 뚝 부러진다는 사실은 누구나 안다. 다만 정확하게 몇 초 후에 부러질지는 예측할 수 없다. 이와 마찬가지로 언젠가 지진이 온다는 점은 알아도 시기가 10년 후일지 20년 후일지는 누구도 알 수 없다. 실제로 파크필드의 '다음' 지진은 예측했던 20년 후가 아니라 약 40년 후인 2004년에 찾아왔다.

2004년 파크필드 지진 때는 지진의 전조 현상을 포착하려는 시도조차 잘 이루어지지 않았다. 다만 관측망을 꼼꼼하게 깔아놓은 것에 관해서는 전문가 사이에서도 평가가 엇갈린다. 왜냐하면 단순한 실패라고 볼 수 있는 반면에 치밀한 관측망에 의해 지진학의 식견이 진보했다고 생각할 수도 있기 때문이다. 굳이 비꼬자면, 그렇게 깔아놓은 관측망으로도 2004년 지진이 발생했을 때 전조를 전혀 포착할 수 없었다는 사실이 가장 확실한 성과라는 점이다.

예보와
예측의 구분

　지금까지 여러분에게 딱히 양해를 구하지 않고 '예보'라는 표현을 사용했다. 일상적으로 사용하는 '지진 예보'라는 표현은 범위가 넓어서 '지진 예측'과 선 긋기를 할 필요가 있다. 예전에는 의식하지 않고 섞어서 쓰는 느낌이 강했는데, 지금은 분명하게 구분해 사용한다.

　현재 '예측'이란 '향후 10년 이내에 87퍼센트의 확률로…' 같은 확률적인 것을 가리키고, '예보'라고 부를 때는 상당한 정확도로 매우 가까운 미래에 어디서 어느 정도 진도의 지진이 올지 등을 알게 되어 경보를 발령할 수 있을 때만으로 한정한다. 이는 일본 지진학회가 2012년부터 권장하는 정의다. 눈치채지 못했던 사람이 많은 것도 무리는 아닐 텐데, 최근 지진과 관련된 신문 기사나 텔레비전 보도 중에는 예보라는 표현이 실제로 상당히 줄어들었다.

참고로 현재의 긴급 지진 속보는 단층이 붕괴하여 이른바 초기미동(P파)이 발생한 '직후'에 관측점의 정보를 기계적으로 처리하고, 주요동(S파)이 오기 전에 이를 경보나 예보로 알려주는 구조다. 따라서 학문상으로는 예보도 예측도 아닌 것으로 여겨진다.

현시점에 일본 기상청이 '예보 가능'한 지진은 24시간 체제로 돌아가는 관측망에서 상정 진원지인 스루가만 부근과 인근 해역을 감시하는 도카이 지진뿐이다.

지진 전조에 관한 문제는 꽤 까다로운데, 파크필드에서 지진을 포착하지 못했다고 해서 도카이 지진 역시 그러리라고는 단언할 수 없다. 왜냐하면 도카이 지진 같은 경우 지역적으로 지각판이 맞부딪치는 상황이 특수해서, 규모 8의 대지진이 오기 전에는 반드시 규모 6 정도로 '스르륵' 하고 오는 '전조 미끌림(pre-slip)' 과정이 있다고 여겨지기 때문이다. 따라서 이런 '스르륵' 하는 전조를 포착할 수만 있다면 해저 관측 지점에서 긴급하게 광케이블을 통해 지상에 정보를 보내고, 주택 밀집 지역에 지진파가 도달하기 전에 "이제 곧 규모 8 수준의 대지진이 옵니다!" 하고 예보에 의한 경보 발령이 가능하다는 것이다.

다만 전조 미끌림이 '스륵' 하는 정도로 소규모이거나 혹은 '스르륵' 하고 왔지만 다음에 본진이 오지 않을 수 있다. 따라서 도카이 지진에서도 실제 예보로 유효한 경보 발령이 가능한지에 대한 전망은 아직도 논란이다. 그리고 2016년 현재 기준으로 도카이 지진 이외에 예보할 수 있는 체제가 정비된 지역은 없다.

비대해지는
예산

    일본의 지진 예보 실정을 알게 되었으니 이제는 여기에 들어간 자금을 생각해보자.

    일본에서 현대 지진 예보의 시작은 1962년에 발표된 〈지진 예보: 현황과 추진 계획〉이라는 지진 연구자의 유지로 작성된 보고서다. 전문가 사이에서는 '청사진'으로 통칭하는 유명한 보고서인데, 요약해서 말하자면 '10년 동안 전국적으로 관측망을 정비해서 연구한다면 지진 예보가 가능한지 불가능한지를 판단할 수 있지 않겠는가?' 하는 내용이었다.

    이후 1964년 니가타 지진으로 큰 피해가 발생해 지진 예보 연구에 대한 국민적 기대가 높아졌고, 1965년부터 청사진의 제언에 따라 국가 예산이 투입된 제1차 계획이 시작되었다. 이 계획은 무려 제7차 계획(1998년 종료)까지 연장되며 이어졌다.

계획이 시작된 지 10년이 지나간 1975년에 계획을 재검토했는데, 안타깝게도 예보할 수 있을지 여부에 대한 판단을 내리지 못한 채 지지부진하게 계획이 계속되었다.

제7차 계획이 한창 진행 중이던 1995년에 한신·아와지 대지진이라는 비극이 발생한다. 30년에 걸쳐 관측망 정비와 연구가 이루어졌음에도 한신·아와지 대지진 같은 대규모 지진이 왔을 때 징후조차 전혀 포착하지 못했으니 역시 '헛돈을 쓰는 것이 아닌가?' 하는 비판이 높아졌다. 그때부터 '예보에서 방재로'라는 슬로건으로 지진 대책의 중심 과제가 전환되어 현재에 이른다.

애초 계획이 10년 동안뿐이었다면 또 모를까, 일단 시작된 사업은 중단하기가 무척 어렵다. 게다가 아무도 관측과 연구의 의의 자체를 부정할 수 없어 어느새 연구 규모도 눈덩이처럼 불어나 최종적으로는 총합 2,000억 엔이 투입되었다고 한다. 이 숫자는 산출 방법에 따라 더욱더 늘어나기도 하는데, 어찌 됐건 '지진 예보'에 거액의 세금이 투입되었다는 것은 틀림없는 사실이다.

예보에 집착하는 이유가 연구 예산 확보 때문 아니냐는 둥, 예보보다 방재 대책이 우선 아니냐는 둥, 애초부터 지적과 제언은 많았다. 그런 만큼 연구에 쓰인 금액을 처음부터 방재로 돌렸다면 한신·아와지 대지진에서 인적 피해를 더욱 낮출 수 있지 않았을까 하고 생각하지 않을 수 없다.

그러나 한편으로, 정부 방침이 예보에서 방재로 전환된 후에 발생한 2011년의 동일본 대지진에서도 2만 명이 넘는 인적 피해가 나오고 말았다. 2016년 구마모토 지진에서도 역시 피해를 충분히 막지 못했다.

이렇게 되면 역시 예보까지는 아니지만, 더욱 정밀한 예측은 필요해진다. 실제로 지금까지의 연구 성과를 통해 대지진이 상정되는 진원역의 범위도 상당히 압축할 수 있게 되었다.

2016년 5월 영국 과학지 〈네이처〉 온라인판에 발표된 최신 논문은 최근 10년에 걸쳐 일본 해상보안청이 실시한 해저 GPS 관측 결과를 통해, 상정되는 난카이 해구(trough) 지진과 직결되는 '뒤틀림'을 상세히 기록했다.

해저에 관측 장치를 설치해 지각의 뒤틀림을 그만큼 세밀하게 조사한 경우는 세계적으로도 유례를 찾아볼 수 없었다고 한다. 육지 쪽에서 관측을 통해 대략 추정된 기존 대부분의 뒤틀림 분포도와 달리, 도카이 지진의 진원역으로 상정되는 시즈오카현 해역의 스루가 해구뿐만 아니라 아이치·미에현 해역, 시코쿠 해역에서 규슈의 휴가나다 지역에 걸친 난카이 해구에 이르기까지 어느 곳의 뒤틀림이 큰지 상당한 정확도로 판명되었다.

뒤틀림이 어느 시점에 해방되어 대지진이 일어날지는 알지 못한다 해도, 방재의 최우선 지역을 바로 이 뒤틀림 분포도에서 읽어낼 수 있다는 점에서 의의는 크다.

대지진급의 지진은 인적 피해는 물론 경제적 손실도 수조 엔이나 발생하기 때문에, 만약 최신 식견을 바탕으로 효율적인 방재 비용을 책정한다면 확실히 인적 · 경제적 피해 또한 대폭 낮출 수 있다.

그렇게 되면 이번 연구 성과가 곧장 난카이 해구 지진의 예보로 이어지지 않았다고 해도, 지진의 규모나 위치에 관한 예측의 정밀도가 비약적으로 높아진 것은 틀림없기 때문에 '2,000억 엔의 과외비 따위 저렴하지 않은가?'라는 논리가 성립할지도 모른다.

숫자의 의미는
사람들에게 전해지는가

그러나 구마모토 지진에서는 예보뿐만 아니라 '예측'의 어려움에 관해서도 다시금 생각해보는 계기가 되었다. 일본 입장에서는 아직 기억에 생생한데, 기상청은 애초 2016년 4월 14일 밤에 발생했던 규모 6.5의 지진을 본진이라고 예상하면서 여진에 주의할 것을 당부했다. 보통 여진은 본진보다 규모가 작기 때문에, 여진이 이어졌음에도 전기, 수도, 가스 등 생활 기반 시설이 복구되자 주민 대부분은 피난소에서 자택으로 돌아갔다.

그런데 실제로는 16일 새벽에 발생한 규모 7.3의 지진이 '본진'이었고, 14일의 지진은 '전진'이었다. 때문에 '전진' 후에 이제 이보다 심한 흔들림은 없을 것으로 생각하며 귀가했던 사람들이 '본진'에 의한 가옥 파괴 등으로 사망하는 비극으로 이어졌다.

그렇다고 해서 단순히 기상청을 탓할 수는 없다. 규모 6.5라는 큰 지진 뒤에 더욱 큰 본진이 덮치는 사례는 여태까지 관측된 적이 거의 없었기 때문이다. 지진 연구는 기본적으로 재현 실험이 불가능하기 때문에 기존의 데이터를 전제로 귀납적으로 추론해서 '다음'에 대비하는 수밖에 없다.

그런데 이번 본진은 아소산을 끼고 100킬로미터나 떨어진 오이타현 안쪽까지 연동하여 강한 흔들림이 관측된 점 등을 포함해, 많은 점에서 유례가 없던 대지진이었다.

알다시피 원래 일본 열도는 '유라시아', '북미', '태평양', '필리핀해'라는 4개의 지각판이 맞부딪치는 위치에 있다. 그리고 지각판끼리 맞부딪치면 암반에 균열이 생기기 때문에 일본 전역에서는 단층이 발견된다.

학문적으로는 그런 단층 중에서 과거 수십만 년 동안 반복해서 움직였던 흔적이 있고 앞으로도 움직이리라 예상되는 단층을 '활단층'이라고 부르는데, 일본 전국적으로 확인된 활단층만 해도 2,000군데 이상이나 된다.

문제는 '발견된' 활단층만 해도 이 정도라는 이야기다. 예를 들어 해저는 거의 조사되지 않았고 육상에서도 땅속에 숨겨져 있기 때문에 인식되지 않은 활단층은 상당한 수가 될 것이다. 확인된 활단층이라도 그곳이 다시 흔들릴 가능성이 높은 장소라는 점은 알지만, 그중 어느 활단층이 언제 어떻게 움직일지 등 확실한 것은 아무도 알지 못한다.

여진을 포함한 지진의 전체상은 사후 분석을 통해 '그게 전진이었군!' 같은 식으로 판명할 뿐이다. 따라서 '전진이 왔으니 다음에는 본진이 온다. 더욱 주의해라!'라는 경고 발령도 기본적으로 불가능하다.

　　이번 구마모토 지진에서는 14일 히나구 단층대의 진원이 후타가와 단층대와의 교차점 부근에 있었기 때문에 16일 후타가와 단층대가 크게 움직였다고 생각한다(다음 그림 참조). 나는 25년이나 과학 작가 일을 하지만, 부끄럽게도 이 2개 단층대의 이름을 들어본 적이 없었다.

구마모토 지진의 주요 진원과 단층대　✖ 주요 지진　── 주요 활단층

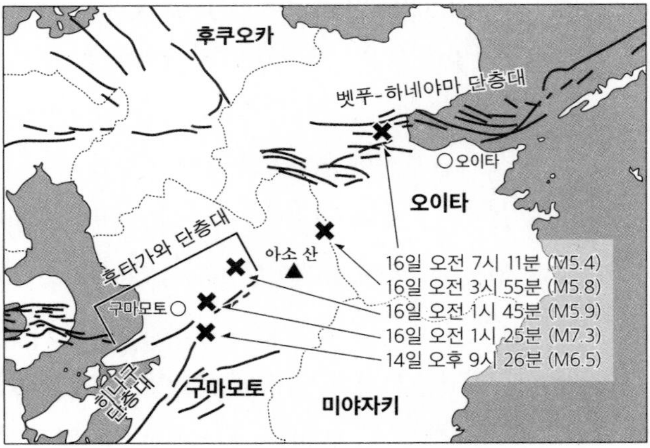

후쿠오카

벳푸-하네야마 단층대

○오이타

오이타

후타가와 단층대

아소 산 ▲

구마모토○

구마모토

미야자키

16일 오전 7시 11분 (M5.4)
16일 오전 3시 55분 (M5.8)
16일 오전 1시 45분 (M5.9)
16일 오전 1시 25분 (M7.3)
14일 오후 9시 26분 (M6.5)

그런데 일본 정부의 지진 조사 연구 추진 본부가 작성한 '전국 지진동 예측 지도'에 접속하면 지진이 덮칠 가능성이 높은 장소라며 구마모토와 오이타에 확실히 진한 빨간색으로 칠해진 부분이 있다. 게다가 그곳은 2014년부터 30년 동안 진도 6약 이상의 흔들림이 발생할 확률이 '26~100퍼센트'로 높은 지역이었다는 사실을 알 수 있다. 이 지도에서 '주요 활단층대' 항목에 체크하고 '후타가와 단층대 후타가와 구간' 등을 선택하면 구간 내를 더욱 세분화한 상세 지도가 나오고 각각의 단층에 관한 정보도 자세히 게재되어 있다.

위에 소개한 일본 정부의 지진 예측 지도는 최첨단 지진 연구 성과의 결정체다. 예측 지도가 보여준 위험 예측은 '확률'이라는 점에서는 적중했다고도 볼 수 있다. 30년 동안 진도 6약 이상의 지진이 구마모토나 오이타에서 발생할 확률은 2014년부터 확실히 높아졌기 때문이다. 즉 2장에서도 살펴봤던 '귀납법'에 의한 추론으로서는 완전히 정당한 것이다.

그러나 구마모토현과 오이타현에 사는 사람들에게 '그런 숫자의 의미가 얼마나 전해졌을까…' 하고 생각하면 석연치 않은 구석이 있다.

확률과
일상의 간극

이런 점이 신경 쓰여서 좀 더 자세히 알아봤더니, 구마모토 지진 3년 전인 2013년 2월 2일 자 〈닛케이 신문〉에서 지진 조사 연구 추진 본부의 발표라며 다음과 같이 보도한 바 있다.

"30년 이내로 활단층이 원인이 되어 규모 6.8 이상의 지진이 오이타시나 구마모토시에 발생할 확률은 18~27퍼센트다."

사실 일본 사람들은 지진 발생 확률을 알려주는 신문 기사를 상당히 자주 접한다. 텔레비전 뉴스에서 다룰 때도 적지 않다. 하지만 그런 숫자를 어떻게 해석해야 하는지를 모르니 기억에 거의 남아 있지 않다.

하지만 비가 내릴 확률이라면 우리는 경험적으로 어떻게 파악해야 할지를 잘 알기 때문에 구체적으로 대응할 수 있다. 예를 들어 '오늘

비가 내릴 확률은 10퍼센트'라는 말을 들었을 때, 사람들 대부분은 10번에 1번 내릴 비를 걱정하기보다는 오히려 '오늘은 우산 필요 없겠는데?' 하고 생각한다.

이는 생활상의 느낌으로서 일종의 통념이 몸에 확실히 배어 있기 때문이다. 아마 비가 내릴 확률이 낮아도 30퍼센트 이상이 아니라면 외출할 때 우산을 챙기는 사람은 많지 않을 것이다.

그런데 앞서 나온 지진 예측의 경우 날씨처럼 오늘 내일의 이야기가 아니라 향후 30년 동안이라는, 인생 3분의 1 이상에 해당하는 매우 오랜 기간의 이야기가 된다. 더구나 지진을 예측하는 숫자에 느낌과 통념이 전혀 없다 보니 구체적인 판단과 행동으로 이어지지 않는다.

만약 10년 동안에 70퍼센트 이상의 확률이라는 말을 듣는다면 사람들 대부분은 더욱 적극적으로 피난 훈련에 참가하거나 집의 내진 보강을 고려할지도 모른다. 그러나 30년 동안의 확률이 20퍼센트라고 한다면 어떨까? 더 내려가 10퍼센트라고 한다면 어떨까?

우리는 확률을 두 가지로 나눠 파악하는 버릇이 있다. 원래 폭이 존재하는, 확률이라는 아날로그적인 것을 결국 '있느냐' 아니면 '없느냐'처럼 디지털로 만들어 버린다. '20퍼센트라면 괜찮고 70퍼센트라면 위험하다'가 아니라는 점을 이론상으로는 알면서도 실제로는 무의식중에 양자택일적으로 경계선을 그어 대응하고 만다.

그렇다면 구마모토 지진에서 4월 15일에 기상청이 발표했던 '진도 6약 이상의 여진이 발생할 가능성은 3일 동안 20퍼센트'라는 숫자는 피난했던 사람들에게 어떤 식으로 심리적 영향을 미쳤을까? 역시 확률로 표현되는 재해 예측에는, 해당 정보를 받아들이는 쪽에 대한 상상력이 결여된 구석이 있다. 바로 이 점이 내게는 석연치 않은 대목이다.

이과 센스란 복잡한 숫자를 그저 재빠르게만 다룰 줄 아는 능력이 아니다. 일상 속에서 그 숫자가 어떻게 사용되는지, 상대방에게 어떻게 받아들여지는지 같은 점까지 제대로 사고할 수 있는 능력이다.

과학으로 산출된 숫자를 확실히 이해한 다음에 정서·감정 및 구체화라는 문과적 센스를 통해 이른바 재계산하는 식으로 문·이과 융합 센스가 필요하다.

무엇을 위해
개발되었는가

다시 원래 주제로 돌아와서, 국가가 거액의 세금을 쏟아 부어가며 과학 지식을 얻고자 하는 배경에는 기본적으로 국가 간의 경쟁 문제가 숨어 있다. 지진 연구 같은 방재는 조금 성질이 다를지도 모르겠는데, '로켓=미사일'이라는 우주 개발 경쟁과 군사 개발 경쟁의 상관관계는 알기 쉬운 사례였다.

그리고 경제력이 중요한 현대에서는 널리 파급되는 기초 과학이나 기초 기술로 이어지는 분야에서 인재를 육성하고 특허 등을 확보해 세계 1위의 지위를 유지하는 것 또한 중요해지고 있다.

그런 의미에서 그야말로 기초 중 기초 연구이면서, 아마도 전 세계적으로 가장 큰 비용이 들어가는 거대과학은 바로 '고에너지 가속기'를 통한 연구다.

다만 여기에 막대한 자금이 들어가는 데 비하면 '그게 뭐지?' 하는 사람이 많아 연구의 의의를 전해주기가 가장 어려운 분야이기도 하다.

　가속기 자체는 크고 작은 다양한 것이 각국에 있고 용도도 여러 가지인데, 기본적으로는 원자핵이나 소립자 같은 것의 형태나 초마이크로 물리 현상을 탐구하는 데 이용한다. 특히 소립자 연구에는 가속기가 반드시 필요하다.

　소립자란 양자의 한 가지로 이 세계를 구성하는 최소 단위 알맹이다. 소립자 연구에 가속기를 어떻게 사용하는지를 살펴보면, 소립자에 매우 높은 전압을 반복해서 가해 광속에 가까운 속도까지 점차 가속해 물질로서 '고에너지'인 상태로 만든 다음 소립자끼리 충돌을 노린다.

　충돌시키는 이유는 원자핵이나 소립자가 미발견 원자핵이나 소립자로 '변신'하기 때문이다. 마치 상품 A를 팔아 돈으로 바꾸고 그 돈으로 상품 B를 사는 것과 비슷하다. 자연계에서는 돈 대신 '에너지'가 유통되는데, 높은 에너지 상태를 매개로 충돌시킴으로써 소립자 A를 소립자 B로 변신하게 하는 등 충돌 반응 때문에 다양한 물질의 정체를 밝혀내는 것이 가능하다.

　이렇게 높은 에너지를 소립자에 가하기 위해서 엄청난 대규모 가속기가 필요하다. 가속기는 형태가 다양한데, 효고현 사요초에 위치한 직경 약 500미터에 달하는 'SPring-8'처럼 뉴스 등을 통해 많이 접할 수 있는 거대한 도넛형(원형) 모양의 가속기가 있는가 하면 직선형(선형)의 대규모 가속기도 적지 않다.

2016년 6월 모리타 고스케 교수를 중심으로 하는 이화학연구소 연구진이 발견한 새 원소가 '니호늄(Nihonium)'으로 명명되었다. 같은 해 11월에는 국제기구에서도 그 명칭이 정식으로 인정되어 화제가 되었는데, 니호늄의 발견에도 선형 가속기가 사용되었다.

니호늄의 발견은 과학적으로는 '발견'이라는 표현이 옳지만, 사실 원자번호(=양자수) 113인 니호늄(Nh)은 원자번호 30번인 아연(Zn)의 이온을 광속의 10퍼센트까지 가속하여 원자번호 83번인 비스무트(Bi)를 타깃으로 충돌해 만들어냈다. 모리타 교수 연구진은 자연에 존재하지 않는 원소를 가속기를 통해 인공적으로 합성하여 원소 주기표의 공백을 채워 넣었다.

약간 이야기가 복잡해졌는데, 원자핵이나 소립자는 매우 미세하기 때문에 극히 좁은 범위라도 좀처럼 충돌하지 않고 대부분 스쳐지나간다. 따라서 가능한 한 고에너지이면서 더구나 그야말로 "진흙을 많이 던지면 달라붙는 수도 있다"는 격언처럼 오랜 시간을 들여 충돌하는 순간을 노려야만 한다. 니호늄은 9년 동안 400조 회나 가속기로 충돌을 노린 끝에 겨우 발견에 성공했다.

현재 세계 최대의 가속기는 스위스 제네바시 교외에 프랑스와 국경을 걸쳐 지하 100미터 땅에 있는 '대형 강입자 충돌형 가속기(LHC, Large Hadron Collider)'다. 원형 터널의 반지름은 약 4.3킬로미터, 원둘레는 27킬로미터로 무려 도쿄 야마노테 노선의 한 바퀴 길이에 필적하는 크기다.

총공사비는 6,500억 엔을 넘고 연간 수천 명의 과학자가 시설을 이용하는, 의심의 여지 없는 거대과학이다. 그리고 LHC를 통해 얻은 거대한 에너지에 의한 충돌 실험으로 물질에 질량을 만들어내는 성질인 소립자인 '힉스 입자'가 발견되었다. 2013년 노벨 물리학상은 1960년대부터 힉스 입자의 존재를 이미 이론적으로 예상하고 제창했던 영국의 피터 힉스 박사 연구진에게 주어졌다.

　　그렇다고는 해도 과장해서 말하자면 소립자 하나 발견하기 위해 6,500억 엔을 들인 셈이니, 이것이야말로 거대과학의 진면목이라는 인상이 든다. 비용은 공동 연구에 참여했던 세계 각국이 분담했는데, 물론 자금원은 각 국가의 국민이 낸 세금이다. 과연 이 비용은 비싼 것인가, 싼 것인가?

　　사실 LHC 이전에 미국에서는 '너무 비싸다!'며 결국 사장된 가상의 거대 가속기 계획이 있었다. 1980년대 텍사스주에서 건설이 개시된 '초전도 초대형 가속기'는 원지름이 86.6킬로미터로 LHC를 훌쩍 뛰어넘는 규모였고, 그런 만큼 고에너지도 얻을 수 있을 터였다.

　　그러나 예산이 너무나 비대해지고 말아 수습할 수 없었다. 이미 20억 달러를 들여 터널 공사가 22.5킬로미터까지 진행된 1993년에 결국 미국 의회는 이 계획을 중지하기로 결정했다.

　　무려 2,000억 엔을 낭비했고 물론 과학적 성과는 전무했다. 과학의 거대화에 대한 무참한 선례가 된 셈인데, 거대해지기만 하는 거대과학에 제동을 건 매우 흥미로운 사례이기도 하다.

하지만 애초 계획대로 초전도 초대형 가속기가 완성되었다면 힉스 입자는 더 빨리 발견되었을 테고, 미국 과학자팀도 영예의 일부를 함께했을 가능성이 높았을 것이다. 거대 가속기는 과학의 최전방에서 한 걸음 나아가기 위해 방대한 비용이 들어가는 현재 상황을 여실히 보여준다.

최첨단 과학의
비용 대비 효과

가속기는 1930년대 원자 물리학의 여명기부터 원자핵 파괴라는 판도라의 상자를 여는 데 일조했다. 이 연구를 통해 원자 폭탄이 탄생했지만, 원자력 에너지를 평화적으로 이용하는 원자력 발전도 생겨났다. 지금도 세계 최고 수준의 지능을 가진 연구자들이 고에너지 가속기를 통해 물리학의 최첨단을 개척하고자 연구 경쟁을 하고 있다.

다만 거기에는 과학기술에 대한 순수한 욕망뿐 아니라 국가적 배경도 있음을 이미 이해했으리라 생각한다. 하지만 현시점에서 가속기를 사용한 연구를 통해 '새로운 소립자' 같은 뭔가가 발견되더라도 그것이 곧장 군사적으로 활용될 수는 없다. 오히려 사실 누구도 나중의 일은 알지 못한다.

최첨단 연구를 통해 얻는 식견은 이 세상 만물에 통용되는 물리 법칙의 근간을 설명하고 그것을 조작하는 기술로도 이어지리라 예상된다. 따라서 그런 '뭔가'를 최초로 발견한 사람에게만 허락되는 '뭔가'에 따른 막대한 혜택까지 기대되는 것이다. 즉 전자기학이 애초에 선구자인 패러데이조차 예상하지 못했을 만큼의 경제 효과를 창출해냈듯이, 최첨단 연구로 발견되는 '뭔가'는 전자기학 이상으로 엄청난 규모의 파급 효과를 발생할 가능성이 있다.

그렇다면 연구 경쟁에서는 쉽사리 물러날 수도 없다. 그렇기 때문에 세계적인 고에너지 물리학 프로젝트에는 일본을 비롯해 각국에서도 적극적으로 계속 관여하고 있다.

다만 예전에 미국 의회가 초대형 가속기 계획 비대화에 반대한 사례에서도 알 수 있듯이, 정부나 의회가 제동을 걸 수도 있다. 세금을 사용해야 하기 때문에 과학 예산의 요구를 모두 그대로 받아들일 수 없는 것은 당연하다.

더구나 현대 거대과학의 파급 효과나 혜택은 현재가 아닌 수십 년후, 때에 따라서는 수백 년 후나 되어야 비로소 연구 성과가 의미가 있고, 경제 효과를 낳을지도 모를 일이다.

따라서 '그 거대과학은 비용에 걸맞습니까?'라는 질문에는 지금 당장 확실하게 대답하기가 어려우며, 사회적으로 균형을 맞추는 문제가 실로 까다로워진다.

다만 그런 한편으로 애초에 미지에 도전하는 것이 과학이기 때문에 미지의 것이 도움이 될지는 미리 알 수 없고 하물며 비용 대비 효과를 올바르게 예상했을 리도 없다. 과학 본래의 존재 의의를 결코 무시할 수는 없다.

"도움이 되느냐 하는 관점으로만 과학을 파악하면 사회는 망가질 것이라고 봅니다."

2016년에 노벨 의학·생리학상을 수상했던 오스미 요시노리 교수가 수상 결정 후에 가진 기자회견에서 발언한 내용은 과연 무릎을 치게 만든다.

다만 한 가지만 강조하자면, 석유나 천연가스 같은 천연자원이 많지 않은 나라일수록 '세일즈 포인트'는 역시 과학기술밖에 없다는 점이다. '애니메이션이나 만화도 있어요' 하는 의견이 있을지도 모르겠지만, 산업 규모에서 비교가 되지 않는다. 경제적 측면에서 보더라도 우리는 과학기술을 저버릴 수 없다.

의심해야
과학이다

이번 장에서는 과학이 지닌 여러 함정을 살펴봤다. 결국 전해주고 싶었던 내용은 '과학도 의심해라'가 전부다. 덧붙이자면 '과학은 과학적으로 의심해라'는 뜻이기도 하다.

이 책 전체를 통해 이미 여러분들은 이해했으리라 생각하는데, 애초에 의심하는 것 자체가 과학의 중요한 요소이며 이를 위해 과학에서는 검증이 매우 중요하다. 따라서 과학은 의심하는 것도 의심받는 것도 피할 수 없다.

그뿐만 아니라 '의심해야 과학'이라 해도 과언이 아니다. 과학은 종교가 아니므로 '믿을' 필요는 전혀 없다. 믿는 것이 아니라 '아는' 것이 중요하고, 알기 위해서는 올바르게 '사고'하는 것이 중요하며, 올바르게 사고한다는 말은 제대로 정당하게 '의심'하는 것이기도 하다.

따라서 과학을 과학으로 정당하게 하려면 과학에 종사하는 사람 혹은 과학 예산에도 편견이나 선입견을 품지 말고 올바르게 의심해보아야 한다.

과학은 내버려두면 점차 블랙박스화되기 때문에, 그럴수록 전문가가 아닌 우리도 더욱더 과학의 본질이나 최신의 커다란 동향에 주목해야 한다. 과학은 전문가에게만 맡겨둔다고 될 일이 아니다. 사회에서도 과학을 정당하게 의심하는 안목이 필요하며, 그런 의미에서 지금이야말로 나라의 발전을 위해 이과와 문과라는 구분을 넘어서야 할 때다.

이번 장의 마지막에 와서 시종일관 상당히 추상적으로 표현했지만, 이제 여러분은 더 이상 '더 구체적으로!' 같은 식으로 여기서 의미 없이 추궁하지는 않으리라 본다. 그렇다면 이미 상당한 이과 센스를 갖게 되었다고 기쁜 마음으로 일러주고 싶다.

과학이라는 지식의 산을 오르기 위한 가이드북

이 책을 읽은 소감이 궁금하다.

"뭐야, 과학이라는 게 그런 거였어?"

"이과적 사고법이라는 건 사실 의외로 간단했구나."

이처럼 뭔가 애써서 파악하려 했던 과학이나 수학의 모습을 보게 되면서 여러분이 품었던 저항감이나 결핍감 같은 것을 조금이나마 해소했다면 다행이다.

본문에서 설명한 대로 이과와 문과라는 구분 자체가 다름 아닌 일종의 '공동 환상'인데, 우리 사회에 이런 무의미한 구분이 만연해 있는 것 또한 엄연한 사실이다. 그래서 '과학이나 수학 따위 겁낼 필요 없다'처럼 우선 이런 장벽을 극복할 방법을 제시하는 것이야말로 환상

타파로 이어지는 첫걸음이 되리라는 생각이 이 책을 집필한 가장 큰 동기였다.

물론 독자 여러분이 품었던 과학이나 수학에 대한 저항감은 사람에 따라 형태나 정도가 다양하다고 본다. 그중에서도 상당히 특수한 사례일 수 있는데, 사실 과학 소년이면서 문과로 옮겼다가 또다시 이과로 돌아온 나에게도 이과에 대한 일종의 콤플렉스가 있었다. 그래서 이 책은 내 나름대로 갖고 있던 과학에 대한 생각, 또는 이과와 문과 사이를 오가면서 경험했던 것을 반영한 결과물이기도 하다.

잠깐 우리 집안 소개를 하자면, 제철소 기술자였던 증조할아버지 세대부터 기술자·과학자 집안으로 친척도 대부분 이쪽 방면에서 일하는 사람들이다. 출신 학교는 제각각이지만 '이과냐 문과냐'라는 이분법을 따른다면 완벽한 이과 집안이다.

따라서 대학에 입학할 때도 높게 평가받는 도쿄대학교 문과 1류에 기껏 합격했지만, 마음속으로는 '원래는 이과에 진학하고 싶어 하지 않았던가…' 계속 자문자답하며 어딘가 찝찝한 구석이 있었다.

그런 내게 큰 충격을 준 말이 있다. 큰어머니에게 진학할 곳을 알렸는데 너무나도 맥 빠지게, 또는 불쌍해하는 듯한 느낌으로 들었던 "어머, 문과구나…" 하는 한마디였다. 큰어머니 입장에서는 이과 집안만이 할 수 있는 지극히 자연스럽게 입에 붙어서 나온 말이었겠지만, 내 마음에는 그 말이 줄곧 잔가시처럼 꽂혀 있었다.

수학이나 물리를 배우고 싶다는 기분, 언뜻 보아서는 뭐가 뭔지 모를 복잡한 수식이나 최첨단 우주론 같은 것을 이해하고 싶다는 의욕이 점점 강해졌다.

결국 법학부에 진학할 생각으로 도쿄대학교 문과 1류에 입학했지만 앞에서도 잠깐 언급했듯이, 우선 문과 1류에서도 진급 가능한 교양학부 교양학과의 과학사·과학철학 분과라는 곳으로 진학해 대학을 졸업한 다음, 다시 이학부 물리학과 3학년으로 학사 편입하기로 했다.

진로를 변경했던 당초부터 최종적으로는 수학이나 물리의 길로 나아갈 것을 상정했기 때문에 이학부로 다시 입시를 치렀어도 좋았을 것이다. 하지만 물리학과에 진학하기 전에 과학사와 과학철학을 배울 수 있었던 것은 내게 매우 큰 의미가 있었다.

과학사·과학철학 분과에는 문과 1류뿐만 아니라 문학부로 진학하는 문과 3류나 이학부와 공학부로 진학하는 이과 1류 및 이과 2류에서도 많이 왔다. 그래서 '이과·문과 따위는 그야말로 환상이구나' 하는 점을 실감했고, 과학사를 배움으로써 '과학 전체의 겨냥도'를 얻었다는 느낌도 들었다. 또한 과학철학을 배움으로써 '과학의 방법'을 근본부터 알고 배울 수 있었다.

물론 이런 면들에 대한 이해가 일반 독자를 위해 자연과학에 관련된 것을 해설해야만 하는 과학 작가라는 지금 직업에서는 중요하다. 사실 연구자의 길을 걸을 가능성도 생각했지만, 세상사란 언제 어떻게 이어질지 모를 일이다.

이 책에서 특히 신경 쓴 부분은 역시 논리에 관한 부분이다.

원래 산수나 수학의 근저에도 항상 논리가 놓여 있기 때문에 어떤 의미에서는 누구나 학교에서 논리학을 배웠다고 할 수 있다. 하지만 '이것이 논리학이다!' 하며 명시적이고 의식적으로 논리를 마주 대할 기회는 대학에서 이학부나 공학부에 진학하더라도 의외로 없다.

나는 과학사·과학철학 분과에 진학함으로써 논리학과 제대로 마주할 수 있었다. 학창시절에는 당시 주목받던 미국의 논리학자 윌러드 밴 오먼 콰인이 쓴 《논리학의 방법Methods of Logic》(국내 미출간)이라는 교과서를 공부했다. 당시에는 원서로 공부했지만 과학사·과학철학 분과 교단에 서기도 했던 오모리 쇼조 교수가 일본에서 번역서를 냈다. 고도의 수식을 쓰지 않고 그야말로 '문과를 위한' 약간 수준 높은 논리학 입문서 정도로 자리매김한 책이다. 하지만 현재는 중고 서점에서나 구할 수 있다고 하니 안타깝다.

나는 특히 이 책을 통해 '기호논리학'이라는 개념을 배웠다. 기호논리학이란 글자 그대로 '기호'를 사용하는 더욱 수학적인 논리학 연구 분야다. 애초에 논리학을 제대로 이해하려면 우리말이나 영어 같은 일상 언어 수준이 아니라, 일단 모든 것을 수학적인 기호로 바꾼 다음에 그것을 수학적으로 조작해서 이해할 필요가 있다는 내용이 머리에 새겨졌다.

이 책의 2장에서 일부 내용을 해설했는데, 일상적 문장도 수식으로 바꿔놓고 보면 논리적 관계가 명료해진다. 그렇게 함으로써 온갖 화려한 수사로 납득당할 법한 악덕 기업 경영자의 협잡하고 견강부회적인 주장도 사실 논리적으로는 커다란 허점투성이라는 점이 명백해 진다. 이후로도 다양한 책으로 공부했지만, 나는 아직도 콰인의 교과 서에서 가장 큰 고마움을 느낀다. 그렇다고 독자 여러분이 딱히 '기호 논리학'까지 공부할 필요는 없다. 게다가 본격적으로 들어가면 내용 이 상당히 어렵다.

다만 이 책에서 조금이라도 얻은 것이 있다면, 지면 관계로 다 설명 하지 못한 부분이 많으니 논리를 조금 더 깊이 있게 독자적으로 공부 하기 바란다.

이미 배울 가치나 의미는 충분히 이해했을 테니, 앞에서 언급한 청 소년용 프로그래밍 학습 앱인 '스크래치'도 실제로 한 번 체험해보고, 가볍게 서점에 가서 철학서나 수학서 책장에 있는 논리학 입문서를 집 어 들고 자신에게 맞는 책을 찾아보자.

어느 책이 좋은지 망설여지는 사람이 있다면 해설이 꼼꼼하고 이 해하기 쉬우며 오류가 없는 노야 시게키 교수의 《논술을 잘하려면 논 리부터 확실히!》(새날, 2008) 등을 추천한다.

현재 도쿄대학교에 재직 중인 노야 교수는 앞서 등장한 오모리 교 수의 제자였고, 내가 학부생일 때는 박사 과정 대학원생이었다. 당시 에는 얼굴과 이름만 아는 정도였는데, 내가 캐나다에서 귀국한 뒤에 우리 두 사람이 같은 대학에서 시간 강사로 근무한 적이 있다. 강사 대 기실에서 여러 가지 이야기를 물어봤던 것이 그립게 떠오른다.

이 책은 주간지 〈슈칸신초〉에 게재했던 〈다시 한번 처음부터 과학〉

(2015~2016)이라는 과학 칼럼을 기초로 집필했다. 연재할 때부터 주간지의 주요 독자로 상정되는 '문과 직장인'들이 이과의 어디에 저항감과 위화감을 느꼈고, 과학이나 수학의 어느 면에서 사고나 지식의 결핍을 느꼈는지를 찾아가며 칼럼을 연재했다. 독자의 반응을 통해 나 역시 새로운 점을 발견하기도 했다.

문과와 이과를 오갔던 경험에서 내 나름대로 상호 간극의 핵심은 이해했다고 생각했는데, 내가 원래 과학을 너무 좋아하는 사람이었던 만큼 '모르겠고, 까다롭고, 의미 없고, 피곤하기만 할 뿐…' 같은 과학에 대한 부정적 감정의 세기를 아직 깊게 이해하지는 못한 면이 있었던 것 같다.

물론 전혀 신경 쓰지 않은 것은 아니다. 모르는 것이 있어야 즐겁고, 등산처럼 땀을 흘려가며 공부해야 마지막에 깨달음을 통해 얻는 쾌감이 있다는 생각이 우세했을 뿐이다. 하지만 처음부터 부정적 감정이나 이미지를 강하게 가질 때도 분명히 있다. 그럴 때 산을 오르고 싶은 생각이 들지 않는다 해도 무리는 아니다.

한편 줄곧 산을 피해왔던 사람이라도 '경치는 근사하겠지'라든지, '공기가 상쾌할 것 같군' 같은 긍정적 이미지가 전혀 없지는 않다. '사실 올라보고는 싶은데…' 하는 사람이 의외로 적지 않은 것처럼, 많은 사람이 과학을 이해하고자 하는 적극적인 마음을 완전히 잃어버리지 않았다는 점을 알게 되었다.

기초 체력이 없거나 산의 전체 모습을 파악하지 못하면 등산에 대한 부정적 이미지가 생겨나는 법이다. 마찬가지로 애초에 어떻게 해야 과학에 대한 기초적인 이해력을 얻을 수 있을지, 어떻게 해야 과학계의 지도를 읽을 줄 알게 되고 전체 모습을 보게 할 수 있을지에 무게 중심을 두는 것이 중요하다는 점을 다시금 인식했다. 그래서 원점에서 연재 당시의 원고 전부를 꼼꼼하게 정리해 대폭 수정한 것이 바로 이 책이다.

즉 이 책은 과학이라는 이름을 지닌 지식의 산에 오를 기분으로 만들어주기 위한 가이드북이다. 그런 생각을 '이과 센스'라는 표현으로 응축했다.

이 책을 읽은 독자 여러분의 과학과 수학에 대한 견해가 새로워지고, '이과' 딱지를 붙여 멀리했던 다른 한편의 세계에 존재하는 '절경'을 보고자 앞으로 '산에 좀 올라 볼까?' 하는 기분이 든다면 저자로서 더 이상의 기쁨은 없을 것이다.

수학을 너무 일찍 포기한 당신에게

문과생을 위한 이과 센스

초판 1쇄 인쇄 2018년 1월 17일 초판 1쇄 발행 2018년 1월 24일

지은이 다케우치 가오루
옮긴이 류두진
펴낸이 연준혁

출판 2본부 이사 이진영
출판 2분사 분사장 박경순
책임편집 김하나리
디자인 강경신

펴낸곳 (주)위즈덤하우스 미디어그룹   출판등록 2000년 5월 23일 제13-1071호
주소 경기도 고양시 일산동구 정발산로 43-20 센트럴프라자 6층
전화 031)936-4000   팩스 031)903-3893   홈페이지 www.wisdomhouse.co.kr

값 13,800원
ISBN 979-11-6220-261-6 03320

국립중앙도서관 출판시도서목록(CIP)

문과생을 위한 이과 센스 : 수학을 너무 일찍 포기한 당신에게
/ 지은이: 다케우치 가오루 ; 옮긴이: 류두진. ― 고양 :
위즈덤하우스 미디어그룹, 2018
    p. ;   cm

원표제: 文系のための理数センス養成講座
원저자명: 竹内薫
일본어 원작을 한국어로 번역
ISBN 979-11-6220-261-6 03320 : ₩13800

과학(학문)[科學]
생각

400―KDC6
500―DDC23   CIP2017035743